SVLTO

TURIN ist die spannungsreichste Stadt Italiens: einerseits die bürgerliche schöne Barockstadt mit den ockerfarbenen Arkaden, andererseits die Industriemetropole, die Stadt von Fiat und Juventus. Von Turin ging unter Graf Cavour und Giuseppe Garibaldi 1861 die Einigung Italiens aus; in den nachfolgenden Jahrzehnten wurde Turin die Stadt der großen Streiks und Arbeitskämpfe. Und gleichzeitig ist es bis heute die Stadt mit den schönsten Cafés Italiens, mit den elegantesten Sofas und prächtigsten Brokattapeten.

In den letzten zehn Jahren hat sich Turin, in steter Konkurrenz mit der Wirtschaftsmacht Mailand, verändert. Von den neuen Treffpunkten an den Ufern des Po, den Arbeitsbedingungen bei Fiat heute, dem sonderbaren Wahrzeichen Mole Antonelliana, von Porta Palazzo, dem größten Markt Europas, vom Flohmarkt Balôn, wo Piemontesen und Immigranten aufeinander treffen, und von vielem anderen erzählen die Texte der Autorinnen und Autoren, die in diesem Band versammelt sind.

TURIN
Eine literarische Einladung

Herausgegeben von
Margit Knapp und Maria Carmen Morese

Verlag Klaus Wagenbach Berlin

Unter der Schirmherrschaft
der Stadt Turin

CITTA' DI TORINO

Inhalt

Carlo Levi
Alleen und Arkaden

Turin ist die alte, unvergessene Stadt meiner Jugend, in der die Ideen und Freundschaften mit Hingabe gepflegt werden und die baumbestandenen Alleen so lang, weit und leer sind, daß man glaubt, die Worte könnten fliegen und sich ungehindert entfalten. Zu jeder Tageszeit warten diese Alleen auf junge Menschen, die sich Wichtiges zu sagen haben, Dinge, die so groß und erhaben sind wie die weißen Berge im Hintergrund. Des Nachts wird die ganze Stadt von den barocken Bogengängen bis zu den Brücken des Pos zu einer einzigen, von floralen, mütterlichen Figuren gesäumten Arkade. In diesen jugendlichen Arkaden schlenderten wir in den aufregenden Zeiten der ersten Freundschaften auf und ab, und unsere Stimmen hallten die dunklen Straßenfluchten entlang, bis sie weit hinter den Stämmen der Platanen auf andere erregte und begeisterte Stimmen trafen. Jene endlosen Straßen schienen wie gemacht für diesen peripatetischen, juvenilen Überschwang voll grenzenloser, ungerichteter Kraft. Auch heute noch treffe ich jedes Mal, wenn ich wieder dort bin, auf junge Leute, die Herren der Straße, die zu nächtlicher Stunde im Schattengeflecht der Bäume auf den Straßen zusammenstehen und sich unterhalten. Dann fordern sie sich plötzlich zum Wettlauf heraus, stieben wie die Spatzen auseinander, um gleich darauf atemlos die Unterhaltung wieder aufzunehmen, ohne auf den einsamen Radfahrer zu achten, der, die Schirmmütze in die gesenkte Stirn gezogen, lautlos an ihnen vorüberzieht.

Cesare Pavese
Der Sommer

Von dem ganzen Sommer, den ich in der halbleeren Stadt verbrachte, weiß ich kaum etwas zu sagen. Ich brauchte nur die Augen zu schließen, da hat der Schatten wieder seine Funktion angenommen, Frische zu verbreiten, und die Straßen sind ebendies: Schatten und Licht, die einander abwechseln, so daß es einen überfällt und verschlingt. Wir liebten den Abend, die heißen Wolken, die auf den Häusern lasten, die stille Zeit. Die Nacht wirkte dann auf uns etwa, wie wenn das kurze Halbdunkel den einschluckt, der aus der grellen Sonne wieder ins Haus tritt. Wir trafen uns, wenn der Abend hereinbrach – und schon war es Morgen, war ein weiterer ruhiger Tag. Ich erinnere mich, daß die Stadt ganz uns gehörte – Häuser, Bäume, Cafétische, Läden. In den Läden, auf den Auslagetischen sehe ich Berge von Früchten vor mir. Ich erinnere mich an den warmen Duft und die Stimmen in den Straßen. Ich weiß, wohin in einer bestimmten Stunde das Sonnenviereck auf den Backsteinboden fällt.

Von uns hingegen und von unseren Worten finde ich so gut wie nichts wieder. Ich weiß, daß ich eine Menge Obst aß; daß ich viele Male umarmt und umarmend einschlief; daß ich am Abend unterwegs trödelte, mich an den Vorübergehenden, den Farben, an jedem Augenblick freute, weil ich wußte, ich wurde erwartet. Ich weiß, daß meine Hände und mein Körper etwas Zärtliches, Lebendiges geworden waren, genauso wie damals an den Sommerabenden die Wolken, die Luft und die Hügel. All das war mir vertraut, ich möchte fast sagen alltäglich, wenn mir die Folge jener Tage nicht noch jetzt wie eine Täuschung erschiene, so sehr, daß mir manchmal, wenn ich darüber nachdenke, die ganze Jahreszeit wie ein einziger gemeinsam verlebter Tag vorkommt. Dieser Tag war in mir, und die Gemeinsamkeit, die mit dem Sommer endete, gab ihm einen Sinn und eine Stimme. Wenn wir einander verließen, schien es uns nicht, als trennten wir uns, sondern als warteten wir anderswo aufeinander – so, wie hinten in den Straßen, wenn man sich trifft, der Hügel entschwindet und wiedererscheint. Wir sahen jeden Abend mit an, wie er sich in Schatten hüllte, und er war uns so lieb in seiner Stille, daß er sozusagen zum Zimmer gehörte, er wurde ein Teil des Fensters und der Straße. In der kurzen Nacht entschwand er nicht – so nahe war er. Der Tag begann und endete mit ihm. Wir aßen Früchte und betrachteten ihn. Jetzt bleibt mir nichts als der Hügel und die Früchte.

Die halbleere Stadt schien mir verlassen. Das Spiel des Schattens und der Sonne belebte sie sehr; es war schön, an einem Fenster zu stehen und auf den Himmel, auf ein Stück Pflaster zu schauen. Das Bewußtsein, daß es außer Licht und kühlem Schatten etwas gab, was mir am Herzen lag und mit der Sonne wiederaufging und die Nacht schneller herbeiführte, gab jeder Begegnung, die auf diesen Straßen geschah, einen Sinn. Da waren die Bäume, die die Sonne tranken, da waren die Rufe der Frauen, da war eine große Stille. Wenn ich mein Zimmer verließ, fühlte ich andere Empfindungen und die Kühle des Abends voraus. Ich konnte schauen und jedes Ding lieben.

Manchmal war da, in einem ganz anderen Stadtteil, eine Piazza, die mich mit ihren Wolken und ihrer stillen Wärme erwartete. Keiner überquerte sie, kein Fenster tat sich auf, aber es taten sich die Tiefen der verlassenen Straßen auf, die auf eine Stimme oder auf einen Schritt warteten. Es war heller Tag. Später, am Abend, dachte ich an sie zurück und fand sie unverändert wieder.

An jenen Abenden verlor der Sommer nicht an Kraft, denn wir wußten, daß jeder von uns an den anderen dachte. Jede gewohnte Bewegung berührte in meinem Herzen die Gewißheit, bewegte sie ein wenig und brachte sie zum Überfließen. Dann kräuselte sich das Licht – ich sah es wie eine ganz frische Erinnerung –, als träte ich plötzlich in einen anderen Sommer ein, jenseits der Körper und Stimmen, als hätte mir das Zimmer, das ich verlassen hatte, als ein Schatten gedient, der mich verschwiegen aufnahm. Alles wurde im gleichen Augenblick, da es geschah, zur Erinnerung, denn es geschah früher in mir als außerhalb. Es war, als würde der lange Tag von mir selbst geschaffen, und darum war mir nichts an dem Zimmer und dem Abend fremd; nicht einmal der Körper, der den meinen aufnahm, und die leise Stimme.

Eines Abends wurden die Wolken dichter, es regnete die ganze Nacht. Ich wartete an einem Fenster – nicht dem unseren –, und die Spritzer

Das Eiscafé Pepino auf der Piazza Carignano,

und Tropfen kamen mir ins Gesicht. Ich wußte, am nächsten Tag würde das Licht lebhafter und der Schatten kühler sein, und ich hatte keine Eile, dort einzutreten, wo ich erwartet wurde. Es war der letzte Sommerregen, er veränderte die Farbe der Stadt. Ich hätte an dem geschützten Fenster warten können, aber ich ging hinunter in den Regen und

berühmt für die traditionsreiche Eismarke ›Pepino‹.

lief durch andere Straßen. Ich dachte intensiv an unser Fenster, dachte daran und entfernte mich davon. Hinten in den Straßen war der Hügel, finster geworden, von dem zunehmenden Dunkel näher gerückt. Ich sah im Regen Fensterbretter und Haustore, die ich immer in der Sonne gesehen hatte. Alles war frisch und nah, und diesmal war meine Stadt wirklich verlassen. Als ich zurückkam, verliebt und mit den Gedanken bei den Straßen des nächsten Tages, fand ich das Zimmer leer, und das blieb es bis zur Nacht. Da stellte ich mich ans Fenster.

Wir waren noch viele Tage zusammen, solange die Jahreszeit dauerte; aber wir wußten beide, alles würde im Herbst zu Ende sein. So war es wirklich.

Natalia Ginzburg
Die neue Wohnung

Wir waren umgezogen, und meine Mutter, die sich immer über die Wohnung an der Via Pastrengo beklagt hatte, klagte nun über die neue Wohnung, die an der Via Pallamaglio war. Was für ein häßlicher Name! sagte meine Mutter immer. Was für eine häßliche Straße! Ich kann diese Straßen, die Via Campana und Via Saluzzo heißen, nicht ausstehen! Und an der Via Pastrengo hatten wir wenigstens einen Garten!

Die neue Wohnung war im obersten Stock und schaute auf einen Platz, wo eine häßliche große Kirche, eine Lackfabrik und ein öffentliches Bad standen, und meiner Mutter erschien es elend, vom Fenster aus zuschauen zu müssen, wie Männer mit einem Frottierhandtuch unter dem Arm in dieses Bad eintraten. Mein Vater hatte diese Wohnung gekauft, weil sie, wie er sagte, wenig kostete und, wenn sie auch nicht schön war, andere Vorteile hatte: Sie war sehr nahe am Bahnhof; sie war groß und hatte viele Zimmer.

Meine Mutter sagte:

Warum muß es nahe beim Bahnhof sein, wenn wir doch nie verreisen?

Unsere finanziellen Verhältnisse mußten sich etwas gebessert haben; denn man redete weniger vom Geld; die Immobilienaktien sanken allerdings immer noch, wie mein Vater beteuerte, und mußten, denke ich, damals schon in der Tiefe der Erde versunken sein; meine Mutter und meine Schwester ließen sich aber mehr Kleider machen. Und wir hatten auch ein Telefon wie die Lopez. Die Worte »Teuerung« und »Lebenskosten« wurden kaum mehr ausgesprochen. Gino wohnte mit seiner Frau in Ivrea; Mario hatte eine Stellung in Genua und kam nur am Samstag nach Hause.

Alberto wurde nach vielen Zweifeln und Diskussionen ins Internat geschickt. Mein Vater hoffte, daß ihm das leid tun und er sich nach so einer strengen Strafe bessern würde; meine Mutter sagte jedoch zu ihm: Du wirst sehen, daß es dir gefällt! Du wirst sehen, wieviel Spaß du hast! Im Internat ist es schön! In meinem Internat hatte ich so viel Spaß!

Alberto war vergnügt wie immer, als er ins Internat ging. Wenn er in den Ferien nach Hause kam, erzählte er, daß in diesem Internat, wenn es bei Tisch Omelette gab, plötzlich ein Glockenzeichen ertönte, der Direktor eintrat und sagte: Ich mache darauf aufmerksam, daß das Omelett nicht mit dem Messer zerschnitten wird. Ein zweites Glockenzeichen, und der Direktor verschwand.

Mein Vater ging nicht mehr Ski laufen. Er sagte, er sei zu alt geworden. Meine Mutter hatte immer gesagt: Verflixte Berge! – sie, die nicht Ski laufen konnte und zu Hause blieb; aber jetzt bedauerte sie, daß mein Vater nicht mehr Ski laufen ging.

Anna Kulischow war gestorben. Meine Mutter hatte sie seit vielen Jahren nicht mehr gesehen;

aber das Bewußtsein, daß sie lebte, tat ihr wohl. Sie ging zur Bestattung nach Mailand zusammen mit ihrer Freundin Paola Carrara, die als Kind ebenfalls im Haus der Kulischow verkehrt hatte. Sie brachte ein schwarzgerändertes Buch mit Aufsätzen zum Andenken an die Kulischow und Fotografien von ihr mit nach Hause.

So sah meine Mutter Mailand nach vielen Jahren zum ersten Mal wieder, aber sie kannte niemanden mehr. Ihre Angehörigen waren alle tot. Sie fand die Stadt verändert und häßlich. Sie sagte:

Ich erkenne mein Deutschland nicht mehr!

Die Ternis mußten Turin verlassen. Sie zogen nach Florenz. Zuerst reiste Mary mit den Kindern; Terni blieb noch einige Monate. Wie schade, daß ihr von Turin wegzieht! sagte meine Mutter zu Terni. Wie schade, daß Mary abgereist ist! Jetzt werde ich die Kinder nicht mehr sehen. Erinnern Sie sich noch an den Garten in der Via Pastrengo, wo Sie mit Cucco Ball spielten? Und dann kamen Ginos Freunde, und sie spielten das Schrittspiel. Das war schön! Das Schrittspiel ging so: einer mußte sich mit dem Gesicht gegen einen Baumstamm aufstellen und sich überraschend wenden; und die andern mußten Schritte vorwärts machen, wenn der am Baum sie nicht sah.

Diese Wohnung gefällt mir nicht! sagte meine Mutter. Die Via Pallamaglio gefällt mir nicht! Es war so schön, einen Garten zu haben!

Ihre Melancholie verschwand aber bald. Sie stand am Morgen singend auf und gab Anordnungen für die Einkäufe; dann nahm sie die Straßenbahn Nummer sieben. Sie fuhr in der Straßenbahn bis zur Endstation und kehrte wieder zurück, ohne auszusteigen.

Ich fahre so gern Straßenbahn! sagte sie. Viel lieber als Auto!

Komm auch, sagte sie morgens zu mir, wir fahren nach Pozzo Strada!

Pozzo Strada war die Endstation der Nummer sieben. Man sah dort einen kleinen Platz mit der Bude eines Eisverkäufers und die letzten Häuser des Stadtrands. In der Ferne Kornfelder und Mohnblumen.

Am Nachmittag lag sie auf dem Sofa und las die Zeitung. Sie sagte zu mir: Wenn du brav bist, geh ich mit dir ins Kino. Wir wollen sehen, ob es für dich einen passenden Film gibt. Eigentlich war sie es aber, die Lust hatte, ins Kino zu gehen: Und tatsächlich ging sie, wenn ich lernen mußte, trotzdem, allein oder mit ihren Freundinnen.

Sie kehrte in großer Eile zurück, weil mein Vater um halb acht Uhr vom Laboratorium kam und sie dann zu Hause antreffen wollte. Wenn sie nicht da war, wartete er auf dem Balkon auf sie. Meine Mutter kam atemlos, den Hut in der Hand.

Wo zum Teufel bist du denn gewesen? schrie mein Vater. Ich habe mir Sorgen gemacht! Ich wette, du bist auch heute im Kino gewesen! Du verbringst dein Leben im Kino!

Hast du Mary geschrieben? fragte er. Seit Mary in Florenz war, kamen manchmal Briefe von ihr, und meine Mutter vergaß immer, sie zu beantworten. Sie hatte Mary sehr gern: Aber sie hatte nie Lust, einen Brief zu schreiben. Sie schrieb nicht einmal ihren Kindern.

Hast du Gino geschrieben? schrie mein Vater sie an. Schreib Gino! Weh dir, wenn du Gino nicht schreibst!

Ich wurde krank und mußte den ganzen Winter

Der Obst- und Gemüsemarkt Porta Palazzo

im Bett bleiben. Ich hatte eine Mittelohrentzündung, und dann bekam ich einen Stirnhöhlenkatarrh. Die ersten Tage, da ich krank war, behandelte mich mein Vater selber.

Mein Vater hatte in seinem Studierzimmer ein Schränkchen, das er »die Apotheke« nannte und in dem er die wenigen Medikamente und Instrumente aufbewahrte, mit denen er seine Kinder oder seine Freunde und die Kinder seiner Freunde behandelte; da waren Jodtinktur für Schürfungen, Methylenblau für Halsweh und der Bir für Entzündungen. Der Bir war eine Gummischleife, die man eng um den kranken Finger binden mußte, bis dieser Finger türkisblau wurde.

Den Bir fand man jedoch nie in der »Apotheke«, wenn man ihn brauchte, und mein Vater rief durch das ganze Haus:

Wo ist der Bir! Wo habt ihr den Bir hingelegt!

Er sagte: Wie unordentlich ihr seid! Ich habe noch nie so unordentliche Leute gekannt wie euch!

Der Bir lag meistens in einer Schublade seines Schreibtischs.

Er ärgerte sich jedoch, wenn ihn jemand um einen Rat für seine Gesundheit bat. Er sagte beleidigt:

Ich bin kein Arzt!

Er wollte die Leute nur unter der Bedingung behandeln, daß sie ihn nicht darum baten.

Eines Tages sagte er bei Tisch: Dieser Simpel von einem Terni hat die Grippe. Er hat sich ins Bett gelegt. Oh, es wird nichts sein. Aber ich muß ihn besuchen.

Wie dieser Terni übertreibt! sagte er am Abend. Er hat nichts und liegt in einem wollenen Pullover im Bett! Ich trage nie wollene Pullover!

Ich mache mir Sorgen wegen Terni, sagte er nach ein paar Tagen. Sein Fieber geht nicht weg. Ich glaube, er hat eine Brustfellentzündung. Ich will, daß Stroppeni ihn untersucht.

Er hat eine Brustfellentzündung! schrie er, als er abends nach Hause kam und meine Mutter in allen Zimmern suchte.

Lidia, weißt du, daß Terni eine Brustfellentzündung hat! Er führte Stroppeni und alle Ärzte, die er kannte, an Ternis Bett.

Rauchen Sie nicht! schrie er Terni an, der nach seiner Genesung auf der Veranda seines Hauses in der Sonne lag. Sie dürfen wirklich nicht rauchen! Sie rauchen zuviel; Sie haben immer zuviel geraucht! Sie haben sich mit Ihrem Rauchen die Gesundheit ruiniert!

Mein Vater rauchte selber wie ein Türke; aber er wollte nicht, daß die andern rauchten.

In der Zeit, da seine Freunde und seine Kinder krank waren, wurde er sehr sanft und freundlich; kaum waren sie aber genesen, schrie er sie wieder an.

Meine Krankheit war ernsthaft, und mein Vater hörte sofort auf, mich zu behandeln und ließ Ärzte kommen, zu denen er Vertrauen hatte. Schließlich wurde ich ins Spital gebracht.

Damit das Spital mich nicht erschrecke, gab meine Mutter mir zu verstehen, das Spital sei das Haus des Arztes, und die anderen Kranken in den Zimmern seien alle Kinder, Neffen und Vettern des Arztes. Aus Gehorsam glaubte ich das und wußte doch gleichzeitig, daß es sich um ein Spital handelte; und dieses Mal wie auch später vermischten sich mir Wahrheit und Lüge.

Nun sind deine Beine noch dünner als die von Lucio, sagte meine Mutter, nun wird Francesca zufrieden sein!

Francesca pflegte nämlich meine Beine mit denen von Lucio zu vergleichen und sich zu sorgen, weil Lucios Beine dürr und weiß waren in den weißen Kniesocken, die von einem schwarzen Samtband gehalten wurden.

Italo Calvino
Fremd in Turin

Unter uns Schriftstellern gibt es, glaube ich, nicht viele Wahlturiner. Wahlmailänder kenne ich zuhauf, ja, ich würde sogar behaupten, daß beinahe alle Mailänder Literaten welche sind. Auch die Wahlrömer werden immer mehr und Wahlflorentiner gibt es ohnehin viele, wenn auch nicht mehr in so großer Zahl wie früher. Einzig in Turin muß man offenbar entweder geboren sein oder mit den Flüssen aus den Hügeln des Piemont an das Ufer des Po kommen.

Für mich aber ist Turin tatsächlich die Stadt meiner Wahl. Ich komme aus Ligurien, einer Gegend, die so wenig sichtbare Spuren einer literarischen Geschichte aufzuweisen hat, daß jeder – übrigens zu seinem großen Glück! – die Möglichkeit hat, eine eigene Literaturgeschichte zu entdecken oder sich eine solche zu erdenken. Zudem gibt es in Ligurien nicht einmal einen Ort, der als Zentrum der Literatur herhalten könnte, so daß der ligurische Literat nicht nur ein ausgesprochen seltener, sondern zugleich ein Zugvogel ist.

Was mich nach Turin zog, waren einige Eigenarten, die ich von meinen Landsleuten kenne und sehr mag: Der Mangel an romantischen Entgleisungen jeder Art, das große Vertrauen in das eigene Schaffen, ein angeborenes sprödes Mißtrauen und die feste Überzeugung, keineswegs abgeschnitten in der Provinz zu leben, sondern vielmehr an der großen weiten Welt und ihren Angelegenheiten teilzuhaben. Stets ist da eine große Freude an Ironie spürbar und man ist auf ebenso klarsichtige wie vernünftige Weise klug. Es ist also nicht die Literatur gewesen, die mich nach Turin führte, sondern mein Eindruck von den moralischen und gesellschaftlichen Zuständen der Stadt. Deren verlockender Ruf war allerdings dreißig Jahre alt, der Sarde Gramsci, ebenfalls Wahlturiner, hatte ihn entdeckt und begründet, und der Schriftsteller Gobetti, ein waschechter Turiner, beschrieb ihn auf noch immer sehr lesenswerten Seiten: Das Turin der Revolution und der Arbeiter, die sich bereits unmittelbar nach dem Ersten Weltkrieg als neue führende Klasse organisierten, das Turin der antifaschistischen Intellektuellen, die zu keinem Kompromiß bereit waren. Ob es dieses Turin noch gibt? Ist es im heutigen Italien noch gegenwärtig? Ich denke, das Besondere an Turin ist, daß es seine Kraft gleichsam wie ein Feuer in der Asche bewahrt: Es bleibt auch dann lebendig, wenn es ganz und gar nicht danach aussieht.

Mein literarisches Turin bestand vor allem aus einem Menschen, in dessen Nähe ich mich einige Jahre aufhalten durfte und den ich viel zu früh verlor. Mittlerweile schreibt man oft über ihn, allerdings oft so, daß er darin kaum wiederzuerkennen ist. Es verhält sich tatsächlich so, daß seine Bücher alleine kaum ausreichen, ihn zu porträtieren. Vorbild war er vor allem wegen seiner Arbeitsweise,

Blick von der Kirche Gran Madre di Dio ...

mit der er deutlich machte, wie der Kopf eines Literaten und das Herz eines Dichters sich gegenseitig so sehr befruchten können, daß das Ergebnis der schöpferischen Tätigkeit wichtiges und nützliches Allgemeingut werden kann. Er führte vor,

... auf die Piazza Vittorio Veneto

wie wichtig es ist, Ideen umzusetzen und sie zu verbreiten, im alltäglichen Leben und im Unterricht in all jenen Techniken, die moderne Kultur und Gesellschaft ausmachen.

Ich spreche von Cesare Pavese. Und ich kann

sagen, daß für mich, wie für alle anderen, die ihn kannten, die Turiner Schule eigentlich die Schule Paveses war. Mein Turiner Leben steht ganz unter seinem Zeichen. Jede Seite, die ich schrieb, las zuerst er; meinen Beruf fand ich durch ihn, als er mich in jene Verlagswelt einführte, die Turin noch immer zu einem kulturellen Zentrum von weit mehr als nationaler Bedeutung macht; er war es schließlich auch, der mich lehrte, seine Stadt zu betrachten und auf Spaziergängen durch die Straßen und in den Hügeln ihre feinen Schönheiten zu erforschen.

Eigentlich müßte ich an dieser Stelle das Thema wechseln und darauf zu sprechen kommen, wie es denn sein kann, daß ich mich als Fremder hier so wohl fühle, darauf, wie es mir als Küstenfisch und Waldvogel in diesen Stadtmauern ergeht, zwischen die ich geraten bin und die mich immer wieder den Nebel und die eisige Kälte der Alpen spüren lassen. Aber das würde zu lange dauern. Es würde bedeuten, ein geheimes Bilderrätsel zu entschlüsseln, das die strenge Geometrie der Straßen im Schachbrettmuster mit den ländlichen Steinmauern in meiner Heimat verbindet. Turin zeichnet sich durch das ganz besondere Verhältnis von Zivilisation und Natur aus: Die wieder grün werdenden Zweige in den breiten Straßen, das Glitzern der Sonne auf dem Po oder die wunderbare Nähe der Hügel genügen, um einem unvermittelt das Herz zu öffnen und sich anderer Landschaften zu entsinnen, um die Menschen an die Weite der Natur zu erinnern und sie so – kurz gesagt – stets von neuem spüren zu lassen, wie lebendig sie sind.

Norberto Bobbio
Orte des Gedächtnisses

Die Welt der alten Menschen, aller alten Menschen, ist in mehr oder weniger ausgeprägter Form die Welt der Erinnerung. Man sagt: am Ende bist du das, was du gedacht, geliebt, vollbracht hast. Ich möchte hinzufügen: du bist das, was du erinnerst. Außer den Gefühlen, die du geweckt hast, den Gedanken, die du gedacht hast, den Taten, die du vollbracht hast, sind die Erinnerungen, die du bewahrt und nicht in dir ausgelöscht hast, deine Reichtümer, und du bist nun ihr einziger Wächter. Möge es dir gestattet sein, so lange zu leben, wie die Erinnerungen dich noch nicht fliehen und du dich in sie flüchten kannst. Die Dimension, in der der alte Mensch lebt, ist die Vergangenheit. Die Zeitspanne, die die Zukunft noch für ihn bereithält, ist zu kurz, als daß er sich Gedanken um das machen müßte, was kommen wird. Das Alter, sagte jener Kranke, dauert nicht lange. Aber gerade weil es nicht lange dauert, solltest du deine Zeit nicht damit verbringen, Pläne für eine weit entfernte Zukunft zu machen, zu der du nicht mehr gehörst, sondern lieber versuchen, wenn möglich, den Sinn oder Nicht-Sinn deines Lebens zu verstehen. Konzentriere dich. Verschwende die kurze Zeit nicht, die dir noch bleibt. Geh deinen Weg in Gedanken noch einmal. Die Erinnerungen werden dir helfen. Aber die Erinnerungen werden nicht auftauchen, wenn du nicht hingehst, sie in den entferntesten Winkeln deines Gedächtnisses aufzustöbern. Das Erinnern ist eine geistige Tätigkeit, die du oft scheust, weil sie mühevoll oder peinlich ist. Doch es ist eine heilsame Tätigkeit. In der Erinnerung findest du trotz all der vielen Jahre, die du gelebt, trotz der unzähligen Ereignisse, die du erlebt hast, dich selber wieder, deine Identität. Du findest die Jahre, die seit langem verloren waren, die Spiele von damals, als du ein Junge warst, die Gesichter, die Stimmen, die Gesten deiner Schulkameraden, die Orte, vor allem die aus der Kindheit, die am weitesten zurückliegen, aber im Gedächtnis am klarsten aufbewahrt wurden. Die Straße durch die Felder, über die wir als Jungen liefen, um zu einer etwas abgelegenen Molkerei zu kommen, könnte ich in jedem Abschnitt, in jedem einzelnen Stein beschreiben.

Während du durch die verschiedenen Orte des Gedächtnisses wanderst, sammeln sich rings um dich her die Toten, deren Schar mit jedem Jahr größer wird. Die meisten von denen, die zu deiner Begleitung gehörten, haben dich inzwischen verlassen. Aber du kannst sie nicht auslöschen, als hätten sie niemals gelebt. In dem Moment, da du sie dir ins Gedächtnis zurückrufst, läßt du sie wieder leben, einen Moment lang wenigstens, und damit sind sie nicht gänzlich tot, sind nicht vollkommen im Nichts verschwunden: der Freund, der schon als junger Mensch bei einem Bergunglück starb, der Schulkamerad und Spielgefährte, der im Krieg mit seinem Flugzeug abstürzte, dessen Leichnam nie gefunden wurde und auf den die Familie jahrelang gewartet hat. Du fragst dich, warum. Der Tod von Leone Ginzburg in einem römischen Gefängnis während der deutschen Besatzung. Der Selbstmord Paveses. Und immer noch fragst du dich, warum.

Ich habe viele unterschiedliche Formen und Möglichkeiten angedeutet, wie man das Alter leben kann. Jemand könnte mich fragen: »Und wie lebst du es?« Im letzten Teil meiner Rede habe ich das, meine ich, durchblicken lassen. Ich könnte mit einem Wort sagen, daß ich ein melancholisches Alter lebe, wobei Melancholie als das Bewußtsein um das Unerreichte und das nicht mehr Erreichbare zu verstehen ist. Dem entspricht das Bild des Lebens als einer Straße, auf der das Ziel immer weiter in die Ferne rückt, und wenn du glaubst, es erreicht zu haben, war es nicht das, was dir als das endgültige Ziel vorschwebte. Das Alter wird dann zu dem Moment, in dem du volle Klarheit darüber gewinnst, daß der Weg nicht nur nicht vollendet ist, sondern daß dir auch keine Zeit mehr bleibt, ihn zu vollenden, und daß du darauf verzichten mußt, die letzte Etappe noch zu erreichen.

Die Melancholie wird allerdings abgemildert durch die Beständigkeit der Gefühle von Liebe und Zuneigung, die die Zeit nicht abnutzen konnte.

Das Leben kann nicht ohne den Tod gedacht werden. Die Menschen werden nicht zufällig die »Sterblichen« genannt: auch die größten Zyniker, die skrupellosesten und sorglosesten Menschen, die Hochmütigsten und Gleichgültigsten nehmen wenigstens einmal in ihrem Leben den Tod ernst, und wenn nicht den der anderen, so doch den eigenen. Die einzig mögliche Weise, den Tod ernst zu nehmen, ist, ihn so zu vergegenwärtigen, wie er dir erscheint, wenn du vor der Unbeweglichkeit eines zum Leichnam gewordenen menschlichen Körpers stehst: das Gegenteil des Lebens, das Bewegung ist. Wird der Tod ernst genommen, bedeutet er das Ende des Lebens, das definitive Ende, ein Ende, nach dem es keinen neuen Anfang gibt. Das Leben achtet, wer den Tod achtet. Wer den Tod ernst nimmt, nimmt auch das Leben ernst, dieses Leben, mein Leben, das einzige Leben, das mir gewährt wurde, auch wenn ich nicht weiß, von wem, und den Grund nicht kenne. Das Leben ernst nehmen bedeutet, uneingeschränkt, ausdrücklich und so gelassen wie möglich zu akzeptieren, daß es endlich ist. Es bedeutet, ganz sicher, mit absoluter Gewißheit zu wissen, daß du sterben mußt, daß dieses Leben sich ganz und gar innerhalb der Zeit abspielt, in keinem seiner Teile außerhalb der Zeit steht und daß es deshalb wie alles, was in der Zeit existiert, dazu bestimmt ist zu vergehen. Canetti schrieb: »Wieviele Menschen würden noch entdecken, daß es sich lohnt zu leben, wenn wir einmal nicht mehr sterben müßten?« Das stärkste Argument für die Behauptung, der Tod sei das definitive Ende, der Tod sei wirklich der Tod, ist die Tatsache, daß man nur einmal stirbt. Das Ende des Lebens ist gleichzeitig das erste und das letzte Ende. Auch wer ein zweites Leben nach dem Tod annimmt, schließt einen zweiten Tod aus, denn das zweite Leben ist, wenn es existiert, ewig, es ist ein Leben ohne Tod.

Mein Tod ist das Ende des einzelnen Lebe-

Norberto Bobbio in seinem Amt als Senator auf Lebenszeit, 1988

wesens, das ich war, und nur er allein ist ein absolutes Ende. Viele Dinge in der Welt der Natur und der Geschichte enden, um wieder zu beginnen. Nach dem Tag kommt die Nacht und dann wieder der Tag. Die antiken Kulturen hatten eine zyklische Ansicht von der Geschichte, also mußte die Phase, mit der ein Zyklus abschloß, im darauffolgenden Zyklus notwendig wiedererscheinen. Die Abfolge der Zyklen war unendlich, wie die Ewige Wiederkehr Nietzsches. Mit dem Tod als definitivem Ende erlischt das Leben. Ein Ende ohne Neubeginn nennen wir »Aussterben«. Die Spezies der Dinosaurier ist ausgestorben. Die sumerische Kultur ist ausgestorben. Das Geschlecht der Seleukiden ist ausgestorben. Für Marx war der Staat zum Absterben verurteilt. Was ausgestorben ist, ist für immer zu Ende. »Comme toutes les choses humaines ont une fin«, schreibt Montesquieu, »l'Etat dont nous parlons, perdra sa liberté, il périra. Rome, Lacédémone et Chartage ont bien péri.«

Wir wissen so wenig von diesem Jenseits, daß jeder sich seine eigene Vorstellung davon machen kann, je nach seinen Hoffnungen und seinen Ängsten, je nach den Träumen, die ihn genarrt, und den Alpträumen, die ihn gequält haben, je nach den Lehren oder den Indoktrinationen, die ihn geprägt haben. Es kann die Heilung von unseren Leiden oder die Entschädigung für unsere unglücklichen Stunden sein. Auf jeden Fall müßte die jenseitige Welt von der diesseitigen Welt vollkommen verschieden sein. Das Einzige, an dem für uns kein Zweifel besteht, ist, daß diese Welt, wenn es sie gibt, ganz anders sein muß. Doch in welcher Weise anders? Die Science-Fiction-Romane lassen ihrer Phantasie freien Lauf, wenn sie andere Welten beschreiben, aber es sind Welten, die nach dem Vorbild unserer Welt errichtet wurden, die trotz all ihrer bizarren, ungewöhnlichen, sonderbaren und doch niemals ganz unwahrscheinlichen Eigenschaften der diesseitigen Welt immer noch ähnlich sehen. Es sind und bleiben menschliche Welten, keine überirdischen Welten.

Das Jenseits ist der Ort, wo ein Teil von uns nach dem Tod leben soll, der Teil, der nicht sterben wird, nachdem wir unseren Körper unter der Erde haben verwesen lassen oder ihn zur vollständigen Vernichtung bestimmten, indem wir ihn einäschern ließen. Von diesem Jenseits ist jede nur erdenkliche Vorstellung erlaubt. Unserer Einbildungskraft sind keine Grenzen gesetzt. Ich würde gerne wissen, wie Menschen, die an das Leben nach dem Tod glauben, sich dieses Leben vorstellen. Eine berechtigte Neugierde: Wie könnte man sonst an etwas glauben, von dem man weder eine Vorstellung noch ein Bild hat? Mögliche Antworten gibt es viele. Neben dem Bild, das uns in unserer religiösen Tradition begegnet, wo das Jenseits als der Ort ausgemalt wird, an dem das göttliche Strafgericht stattfindet, das die Guten belohnt und die Bösen bestraft, existiert eine weitere, sehr verbreitete Vorstellung, die aus den Traditionen des Volkes stammt. Sie denkt sich die Welt des Jenseits als den Ort, wo die Toten andere Tote wiedersehen, diejenigen, die ihnen im Leben am liebsten waren: Die untröstliche Mutter findet die jung gestorbene Tochter wieder, die Tochter begegnet dem Vater, der im Krieg starb, als sie ein kleines Mädchen war, und an den sie in ihrem Leben nur eine vage Erinnerung hatte, der alte Mann, der einsam in einem Altersheim gestorben ist, schließt seine Frau wieder in die Arme und erlebt die glücklichsten Jahre seines Lebens noch einmal. Aber gerade diese schlichten und sehr menschlichen Antworten verraten, in welchem Ausmaß der Glaube an das jenseitige Leben ein Selbstbetrug ist.

Jede dieser Antworten verrät ein krampfhaftes Anklammern ans Leben, offenbart den sehnlichen Wunsch nach dem Weiterleben, denn verglichen mit der Unsterblichkeit stellt das Überleben in der Erinnerung derer, die uns gekannt, geschätzt oder geliebt haben, einen allzu schwachen und hinfälligen Trost dar.

Doch wie lange hält die Erinnerung an? Wie kurz ist die Zeitspanne, in der die Erinnerung lebendig bleibt, gemessen an der ersehnten oder erhofften Unsterblichkeit! Nur wenige Menschen, die im guten wie im schlechten Sinne bedeutend waren, hinterlassen unauslöschliche Erinnerungen und werden darum auch emphatisch »unsterblich« genannt. Aber die anderen, die unzähligen anderen, an die sich niemals wieder jemand erinnern wird?

Vor meinem Bruder, ihrem Erstgeborenen, hatten meine Eltern ein Mädchen gezeugt, das nur drei Tage lang lebte. Papa und Mama sprachen oft von ihr, als wir noch klein waren. Doch dann haben auch sie allmählich immer seltener von ihr gesprochen. Alles, was von diesem kurzen Leben geblieben ist, ist eine schwache Spur in meinem Gedächtnis und ein winziger Grabstein auf dem Friedhof der Familie. Wenn auch ich tot sein werde, wird sich niemand mehr an sie erinnern. Wenn einer meiner Söhne, einer meiner Enkel irgendwann dieses Grab besuchen und auf dem kleinen Grabstein ihren Namen lesen wird, wird er sich fragen: »Wer war das?« Es wird niemand mehr da sein, der ihm eine Antwort geben kann. Aus dem Nichts gekommen, ist sie nach wenigen Stunden Leben ins Nichts zurückgekehrt. Kann man diesem Hauch von Leben, an das im ganzen Universum nur in mir eine zunehmend flüchtigere Erinnerung existiert, irgendeinen Sinn verleihen – und welchen?

Mit dem Tod geht man in die Welt des Nicht-Seins ein, in dieselbe Welt, in der ich war, bevor ich geboren wurde. Das Nichts, das ich einmal war, wußte nichts von meiner Geburt, von meinem Zur-Welt-Kommen und von dem, was ich werden sollte; das Nichts, das ich einmal sein werde, wird nichts von dem wissen, was ich gewesen bin, nichts vom Leben und vom Tod der Menschen, die mir nahegestanden haben und deren Gegenwart meine Tage mit Leben erfüllt hat, es wird nichts von den Ereignissen wissen, an denen ich Anteil genommen habe, indem ich jeden Tag die Zeitung gelesen, Radio gehört oder mit Freunden gesprochen habe. Wenn ich vor meiner Frau sterbe, mit der ich mein Leben mehr als ein halbes Jahrhundert lang geteilt habe, werde ich nichts von ihrem Tod wissen. Sie wird nicht nur ohne mich sterben, sondern auch ohne daß ich es weiß. Ebenso werde ich nichts von dem wissen, was meinen Kindern geschieht, und den Kindern meiner Kinder, deren Leben sich nach dem Jahr 2000 abspielen wird, nichts von dem, was auf dieser Erde noch geschehen wird, über deren wechselvolle Ereignisse ich unzählige Male nachgedacht habe, im vergeblichen Versuch, daraus mehr oder weniger ungewisse Voraussagen für die Zukunft abzuleiten, nichts von Kriegen und Friedenszeiten, nichts von den zukünftigen Wandlungen der Gesellschaft, in der ich gelebt und deren Entwicklungen ich mit intensiver Anteilnahme verfolgt habe.

Alles, was einen Anfang hatte, hat ein Ende. Warum soll nicht auch mein Leben eines haben?

Die Basilica Superga in den Hügeln über Turin, ...

Warum soll das Ende meines Lebens im Unterschied zu allen anderen Vorgängen, den natürlichen wie den geschichtlichen, in einen neuen

... wo 1949 die Mannschaft des AC Turin abstürzte.

Anfang übergehen? Nur das, was keinen Anfang hatte, hat kein Ende. Was jedoch weder Anfang noch Ende hat, ist die Ewigkeit.

Alessandro Baricco
Die Bocciaspieler

Im Hintergrund, in der Sonne, mit ihren rosa und lila Haaren, sitzen an den Tischen noch die Damen, schwatzen träge nach dem Ostermontagsessen, leise und ein wenig wie in Zeitlupe, sie wirken dabei wie Zugvögel, die sich nach einer unglaublich langen Etappe niedergelassen haben. Fleischpasteten, Vitello tonnato, Hühnchensalat, Salzkartoffeln, süßsaure Silberzwiebeln, Koteletts, Käse, Erdbeeren, Kuchen, Espresso, alles in einer einzigen Etappe. Da muß man gut in Form sein. Im Hintergrund also die Damen. Im Vordergrund die Männer. Ernst und streng, ein wenig benommen vom Alkohol, dabei elegant und heldenhaft wie alle Männer, wenn sie das tun, wofür das dritte Lebensalter vermutlich erfunden wurde: Boccia spielen.

Ostermontagspartie nach Art der passionierten Bocciaspieler. Ich parke mein Auto und steige aus. Dieses Schauspiel lohnt sich immer.

Mir gefällt vor allem der erste, der da spielt, zum Wurfpunkt geht, auf dem Feld nur er und die Zielkugel, die weit nach unten gerollt ist, nachdem irgend jemand sie mit gespielter Gleichgültigkeit geworfen hat, wie man ein gerade gebrauchtes

Streichholz wegwerfen würde, sehr wohl wissend, wohin er sie wirft, ein wenig nach rechts, dahin, wo das Feld bucklig ist, und dabei nicht zu weit weg, weil das Werfen sonst schwierig würde. Die Kugel rollt geräuschlos und hält genau da unten an. Dann beginnt der Zweikampf. Der erste Spieler ist meistens auch der älteste. Er redet wenig, hört häufig auch nicht gut, und wenn er wirft, sind alle still, er ist eine Art Hohepriester. Das eigentliche Spiel interessiert ihn nur bedingt. Es handelt sich eher um eine Frage zwischen ihm und der Kugel. Eine quasi mystische Sache. Wegen seines Alters quält ihn meist fortgeschrittene Arthritis. Nur mit kleinen Schritten bewegt er sich vorwärts, und wenn er sich hinkniet, um die Wurfkugel in die Hand zu nehmen, kann man nie sicher sein, ob er auch wieder hochkommt. Seine Hand ist ein hölzernes Nest, das sich um die perfekte, glänzende Kugel schließt. Ein Nest, wenn ihr versteht, was ich meine. Von unendlicher Zärtlichkeit. Mit kleinen Schritten erreicht er die Wurflinie, verharrt dort für einen Moment. Neuronen bei der Arbeit, und Augen, die scannen. Und dann der immergleiche Vorgang: Die linke Hand zupft das Hosenbein (links) auf Kniehöhe und zieht es um ein paar Zentimeter hoch; das Bein beugt sich kaum merklich, nur so weit, wie es die Arthritis erlaubt. Die Augen verlassen die Zielkugel und richten sich auf die Wurfkugel in seiner Hand. Das Nest läßt er fallen, als ob er Ballast loslassen würde, um abzuheben. Es sieht aus, als würde die Kugel zu Boden fallen und dort liegen bleiben. Aber dank eines winzigen Stoßes seines arthritischen und unbeweglichen Körpers, der kaum zu ahnen ist, beginnt sie zu rollen. In der unwirklichen Leere des jungfräulichen Spielfelds vollzieht sich etwas, das den Geschmack der Verliebtheit trägt: Ohne ersichtlichen logischen Grund dreht sich die Kugel um sich selbst, kreiselt immer langsamer, überquert das gesamte Feld, verlangsamt sich, neigt sich ein wenig nach rechts, bringt die letzten Zentimeter mit unerträglicher Langsamkeit hinter sich, und schmiegt sich schließlich an die Zielkugel, ohne sie um einen Millimeter zu verschieben, als ob genau hier schon immer ihr Platz gewesen wäre. Es ist nur ein Spiel. Aber dieses Bild – Wurfkugel und Zielkugel, stumm, auf grauem Sand, sich leicht berührend – ist für mich immer das perfekte Abbild eines Versprechens gewesen, das uns gegeben wurde und das einzuhalten jenseits der Bocciapassion irgend jemand systematisch vergißt.

Bei dieser Ostermontagspartie heißt der erste, der spielt, Quadri (der erste, der spielt, hat nie einen Vornamen, nur einen Nachnamen). Er ist ganz weiß gekleidet, in der Farbe seiner Haare, die unter dem weißen Strohhut hervorgucken. Er dreht sich um, und mit kleinen Schritten geht er in Richtung seiner zweiten Wurfkugel. Er weiß bereits genau, was passieren wird. Jemand, der zwanzig Jahre jünger ist als er, wird kommen und sich, seine von der Arthritis noch verschonten Glieder schwenkend, durch die Haare fahren, wie es die Frauen tun, um mit einem schnellen Wurf das kleine Kunstwerk zunichte zu machen. Für Quadri dauert das Ganze genau die Zeit, in der er sich hinkniet, um seine zweite Kugel zu nehmen, und mit schlurfenden Schritten zur Wurflinie zurückgeht. Das Hosenbein hochgezogen, öffnet sich das Nest ein weiteres Mal, beharrlich wie eine Spinne, die sofort, nachdem man es zerrissen hat, wieder beginnt, ihr Netz zu weben. Kreiselnde Kugel und Remake des zerstörten Bildes. Wurfkugel und Zielkugel, als ob man sie zusammengeschweißt hätte.

Dann verschwindet Quadri. Das wirkliche, das eigentliche Spiel beginnt, und er läßt sich nicht mehr sehen. Er sagt nichts dazu, er schüttelt nicht »Keine Ahnung haben die …« brummelnd den Kopf, keinen einzigen Ratschlag gibt er, mißt nichts ab, nie, faßt auch den Zeiger der Punkteskala auf dem Zifferblatt aus Plastik mit der Aufschrift »Birra Moretti« nicht an. Er verschwindet im Nichts, verschluckt vom Gewirr aus Stimmen und Kugeln und Diskussionen. Irgendwo, ich weiß nicht wo, wartet er darauf, daß das alles ein Ende hat und das Feld wieder ein weißes Blatt wird, auf dem die Genauigkeit festgehalten werden kann.

Den Rest der Zeit habe ich damit verbracht, die Damen zu beobachten, da im Hintergrund. Ich suchte nämlich Quadris Frau. Weil ich dachte, daß er sie mit der gleichen Geduld und der gleichen Genauigkeit geliebt haben muß, ein Leben lang. Sie war die mit dem ein wenig nach hinten geschobenen Hut, an einem bestimmten Punkt drehte sie sich um, und als ich sie ansah, sah ich ein glückliches Gesicht.

Dario Voltolini
Straßen in die Stadt

Es gibt Straßen, die stadteinwärts führen, die den besten Weg darstellen, in eine Stadt hinein zu gelangen, aber das Überraschende ist, dass man auf diesen Straßen nicht immer auf dem besten Wege aus einer Stadt auch wieder hinaus gelangt. Nun, daraus lässt sich recht einfach schließen, dass die Frage, ob eine Straße der beste Weg sei, um in eine Stadt hineinzufahren, nicht nur von der Straße selbst abhängt, sondern auch von der Fahrtrichtung, denn ändert man diese, so bleibt es zwar dieselbe Straße, aber nicht mehr der beste Weg. Und nimmt man nun den Fall an, dass zwei Städte aneinander grenzen, und eine Straße von einer Stadt in die andere führt, dann kann man eventuell feststellen, dass eine Straße der beste Weg in eine der beiden Städte hinein, aber nicht wieder aus ihr hinaus ist, also nicht einmal der beste Weg in die andere Stadt hinein ist, denn aus der einen Stadt auf dieser Straße hinauszufahren bedeutet, in die andere hineinzufahren. Und somit wäre bewiesen, dass eine Straße, um der beste Weg zu sein, in eine Stadt hineinzuführen, nicht nur von ihr selbst abhängt, auch nicht von der Richtung, in der wir sie befahren, sondern ebenso von der Stadt, in die hinein sie führt. Das gleiche gilt für Straßen, die der beste Weg sind, aus einer Stadt hinaus zu gelangen. Natürlich kann es vorkommen, dass eine Straße gleichermaßen der beste Weg in eine Stadt hinein als auch wieder hinaus ist. Aber, wohl bemerkt, dies ist nur eine Möglichkeit, keine Notwendigkeit. Das gilt auch für benachbarte Städte. Eine Straße mag der beste Weg in eine der beiden Städte hinein und gleichzeitig auch der beste Weg hinaus sein, ohne dass das heißen muss, dass dies auch der beste Weg in die andere Stadt hinein oder dort wieder hinaus ist. Natürlich kann es vorkommen, dass eine Straße gleichermaßen der beste Weg hinein und hinaus aus jeder der beiden Nachbarstädte ist. Aber, wohl bemerkt, dies ist nur eine Möglichkeit, ziemlich selten zudem, keine Notwendigkeit.

Im Stadtteil Le Vallette, 1987

Der beste Weg, um nach Turin hineinzufahren, ist der Corso Moncalieri.

Rechts von ihm gehen die Straßen ab, die auf den Hügel hinaufführen, von wo aus man die Stadt von oben betrachten kann, mit den undurchdringbaren Wänden der Alpen im Hintergrund. Nach links hingegen gehen befahrbare Segmente ab, die beinah rätselhafter sind als die anderen Straßen, die bergan steigen. Aber sie hören an den Mauern irgendwelcher Grundstücke einfach auf und verweigern so dem Geist, der um die Existenz des Flusses weiß, dessen Lauf weiterzuverfolgen.

Großartige, leer stehende Manufaktur mit üppigem Park. Verschwendung.

Bäume säumen das Flussufer, um den Eingang nach Turin entlang des Ufers, das dem Valentino gegenüber gelegen ist, zu etwas ganz Besonderem zu machen. Oft ist die Rückkehr in die Stadt (oder besser war: für uns war es oft so) für Kinder in Begleitung ihrer Eltern, im Auto, am Sonntagabend, den drohenden Montag vor sich – Quell der Angst. Die Stadt erschien hart, eine Klippe, auf die Fäuste vergeblich einschlugen. Doch diese Reihen von Bäumen, das Wasser, gaben der Stadt ihren ursprünglichen Sinn zurück, die Möglichkeit abzuwägen, zu ermitteln. Aber was würden wir in der Stadt tun! Die kommenden Tage zeichneten sich ab, erschienen klar vorgegeben. Vielleicht im Einklang mit der Theorie der Bäume und des Wasserlaufes. Tiefe, Andeutung von Ferne.

Carlo Fruttero & Franco Lucentini

Pflichtwohnsitz

In der Liste der Fragen, die uns am häufigsten gestellt werden, taucht gleich nach der, die an der Spitze steht (»Wie machen Sie das eigentlich, zu zweit zu schreiben?«), die andere auf, und zwar stets in Begleitung einer zwischen Bewunderung und Mitleid angesiedelten leisen Grimasse: »Wie machen Sie das eigentlich, in Turin zu leben?« Als wären wir zwei in irgendeinem mörderischen Sahara-Vorposten einquartierte Legionäre oder in irgendeine öde Suez-Botschaft strafversetzte Diplomaten.

Wir könnten solche Fragen übelnehmen und für taktlos und beleidigend halten. Wir könnten erwidern, daß wir unsererseits nicht begreifen, wie andere Schriftsteller es machen, in anderen italienischen Städten zu leben. Wir nehmen es aber nicht übel und sind auch nicht beleidigt. Denn wir wissen ja sehr gut, daß sich das Problem für unsere über die ganze Halbinsel verstreut lebenden Kollegen nicht stellt; es ist uns nur zu klar, und jedem anderen auch, wieso und warum sich ein Schriftsteller in jenem unerhörten Juwel namens Venedig oder im ewig aufgeregten Rom oder in Mailand, dem Tor Europas, oder in der Kulturmetropole Florenz glücklich niederläßt. Selbst Triest, Parma, Bologna, Neapel und Palermo haben unmittelbar einsichtige und akzeptable Begründungen zu bieten, und sogar das ligurische Städtchen oder Dörfchen in Kalabrien, der Lombardei, dem Veneto werden sofort akzeptiert als »normaler« Wohnsitz für jemanden aus unserer Branche.

Ausgerechnet in Turin auf die Piste zu gehen dagegen, wenn man das Glück hat, in ein Land hineingeboren zu sein, in dem sich die Verlockungen und Versprechungen der Großen Kunst stärker ballen als in irgendeinem anderen Teil der Welt, das erscheint tatsächlich merkwürdig, um nicht zu sagen pervers.

Ein Schriftsteller, ein Künstler im allgemeinen – so versichert ein altes Klischee –, könne nur gewinnen, wenn er seine schöne Seele einer Stadt aussetzt, die ihn mit herrlich anmutigen und vielgestaltigen Mauern und Monumenten zu bezaubern weiß; von Meisterwerken umgeben, gerate er unter ihren Einfluß und werde schon beim bloßen Zigarettenholen von ihr inspiriert. Ein zweites Klischee hebt hervor, von welch befruchtender Bedeutung Kontakte mit seinesgleichen seien. Ach ja, der anregend kreisende Klatsch (»Und dann sagt er, daß der ihm gesagt hat, sie hätten dir gesagt ... «)! All die belebenden Buchpräsentationen, Ausstellungen, Werkschauen, Podiumsdiskussionen, Vorpremieren! Die Zugehörigkeit versichernden Umarmungen von Kollegen, die Projekte, Kränkungen, Preisverleihungen, Intrigen, die Begegnungen mit dem durchreisenden internationalen Genius! Ein drittes Klischee verordnet einem Schriftsteller ein Ambiente geeigneter sozialer Kontakte. Zwischen

Elektronikmagnaten und Hochfinanziers, die ihn schon mal fragen, was er denn Schönes mache, zwischen Ministern und Regisseuren, die sich bei ihm einhaken, Schauspielerinnen, die sich zutraulich auf seinen Schoß setzen, Fußballspielern, Gewerkschaftsfunktionären und Sängern (Rock oder Oper), die ihn duzen, nämlich fühle sich ein Schriftsteller als unverzichtbarer Teil eines höchst lebendigen Ganzen. Und derart beachtet, gehört, verehrt, gratifiziert und integriert gebe er dann sein Bestes zur Freude von Zeitgenossen wie Nachwelt.

In Turin existiert keine dieser Idealbedingungen. Zwar ist die Stadt wunderschön, aber nicht in dem Sinn, in dem man das zum Beispiel von Lucca, Siena, Bergamo oder Mantua behauptet; die wenigen Literaten, die hier arbeiten, begegnen sich selten und dann eher zufällig unter den Kolonnaden und verabschieden sich auch schleunigst wieder mit ebenso warmen wie falschen Versprechungen, einander anzurufen (»Wir sollten uns zusammensetzen, wir müssen unbedingt mal einen Abend lang reden!«); und was die sozialen Kontakte anbelangt – es gibt in Turin keine alles vereinende und hätschelnde mondäne Gesellschaft, und das bißchen vorhandene Kultur steht allein mit dem Glas in der Hand herum und beobachtet Industrie, Politik, Aristokratie und Justiz, wie sie exakt dasselbe tun, ein jedes in seinem Eckchen.

Eine »schwierige« Stadt, zweifellos. Schwieriger – trotz der gegebenen gleichen Unzulänglichkeiten und Dummheiten in Landes-, Regional- und Stadtverwaltungen – als jede andere Stadt Italiens. Nun lehrt das Leben aber, daß man immer Möglichkeiten findet, etwas als wirklich unerträglich Empfundenes (Ehegatten, Arbeitsplatz, die

Die berühmte ehemalige Teststrecke von Fiat ...

Stadt selbst oder was auch immer) zu verlassen. Insofern müssen wir wohl den Schluß ziehen, daß uns Turin, so wie es ist, gut paßt.

Wir geben es zu: Über den albernen Flughafen, das deklassierte Opernhaus und die seit Jahren geschlossene Galerie für Moderne Kunst können wir uns kaum empören; die funkelnagelneuen Bahnhöfe der Metropolitana Leggera (so lautet der phantasievolle Name, den man sich für die Straßenbahn ausgedacht hat) dagegen mit ihren

... auf dem Lingotto-Gebäude, vor der Renovierung von Renzo Piano.

ambitioniert ins Nichts gehängten Schildern »Ausgang« und »Eingang« amüsieren uns doch sehr. Dank solcher Widersprüchlichkeiten und Absurditäten ist die savoyische Hauptstadt nicht nur weniger ausgestorben und monoton, als sie zu sein scheint, sondern auf geheimnisvolle Weise im Einklang mit dem Wahn der Zeit. Das Stadion, in dem Italiens berühmteste Fußballmannschaft spielt, bröckelt vor sich hin, ist unbequem und buchstäblich jedem Unwetter weit aufgeschlossen; die elegante homogene Architektur des Stadtzentrums wird von der verschrobenen Imposanz der Mole Antonelliana durchkreuzt; auf der ganzen Welt erlaubt sich kein Autokonzern oder sonst eine Firma derart grauenhafte Bürogebäude wie Fiat auf dem Corso Marconi; baumbestandene breite Verkehrsadern werden zu Parkplätzen umfunktioniert; der Kult um das Schweißtuch der Veronika koexistiert mit jeder Menge Schwarzer Messen und Teufelsriten, die von pensionierten grauen Büroboten praktiziert werden; ein beklagenswertes Gefühl von Ausgegrenztheit und Abstieg koexistiert mit leicht verdecktem Technologie-, Stil- und Rassendünkel; jede Initiative wird augenblicklich gedämpft durch Skepsis, jeder Erfolg ironisiert, jede Leidenschaft gebremst durch eine unsichtbare Hand, die einen am Revers packt. Halbkalt, halbprovinziell, halbmodern und halbitalienisch ist Turin auf die ihm eigene, unerklärliche Weise eine essentielle Stadt, in der nichts passiert, aber alles anfängt, zutage tritt, durchsickert, in aller Stille geboren wird.

Also – antworten wir – wie macht man es eigentlich, nicht in Turin zu leben. Für Schriftsteller ein Pflichtwohnsitz.

ANDREA CAMILLERI
Die Zigeunerjungen in Agnellis Schrank

Als meine Frau und ich vor etwa zehn Jahren eines Tages nach Hause kamen, es war August und das Gebäude menschenleer, fanden wir unsere Wohnungstür komplett aus den Angeln gehoben vor. Ich weiß noch, daß wir eine halbe Stunde auf dem Treppenabsatz verbrachten und nicht wußten, was wir tun sollten. Als Mann und – wenn auch oft in Frage gestelltes – Familienoberhaupt hätte ich die Wohnung zuerst betreten müssen, aber ich traute mich nicht, ich hatte Angst, die Einbrecher könnten noch drin sein. Ich beschloß, vorübergehend abzudanken, meine Frau ging hinein und beruhigte mich kurz darauf; die Einbrecher hatten keine Zeit gehabt, etwas mitzunehmen. Am Nachmittag folgte ein auf die engsten Freunde ausgedehnter Großrat, und wie in einem anderen, viel berühmteren Großrat wurde am Ende Anklage gegen mich erhoben. Ich, der ich diesen Rat einberufen hatte, wurde beschuldigt, »noch immer« keine Panzertür angebracht zu haben. Ich klapperte also drei Tage lang sämtliche Spezialgeschäfte ab und präsentierte meiner Frau danach die Kostenvoranschläge. Wir rechneten nachts stundenlang hin und her und kamen betrübt überein, daß selbst der niedrigste Kostenvoranschlag doppelt so hoch war wie der Schätzwert aller Wertsachen in der Wohnung, einschließlich einer uns besonders lieben kleinen Vase aus Terrakotta, die wir auf einem Markt gekauft hatten. Die Tür ließen wir, so gut es ging, reparieren; wir haben sie noch heute.

Diese Geschichte fiel mir ein, als ich hörte, daß zwei Zigeunerjungen, dreizehn und vierzehn Jahre alt, die Tür der historischen Villa Agnelli in Villar Perosa bei Pinerolo aufgebrochen hatten. Auf den Alarm hin benachrichtigte der Wächter die Carabinieri, und die entdeckten die beiden jungen Einbrecher dann in einem Schrank. Die zwei erklärten, sie hätten nicht gewußt, daß die Villa dem Avvocato gehörte. Natürlich! Woher auch, die Ärmsten! Ich bitte Sie, zwischen den Zeilen zu lesen: Diese Villa, die als historisch bezeichnet wird und in der es, könnte ich mir denken, anderes gibt als mein geliebtes Terrakottaväschen, ist nicht durch Hochspannungsdrähte, Überwachungskameras und ausgeklügelte Elektronik geschützt. Nein, der ganze Schutz besteht aus einer gewöhnlichen Alarmanlage, einem Wächter (den ich mir ziemlich betagt und leicht hinkend vorzustellen erlaube) und einer normalen Tür (ich muß mich korrigieren: normal in ihrer Eigenschaft als Tür, nicht normal, weil sie historisch ist). Den beiden minderjährigen Einbrechern war es ja auch gelungen, mit Hilfe einer ganz banalen, traditionellen Brechstange in die Villa einzudringen.

Also so was! Die Villa der Familie Agnelli! Ich bin sicher, daß es den beiden Zigeunerjungen schlecht ergangen wäre, wenn sie sich die Villa irgendeines kleinen, spießigen Fabrikanten vorge-

Giovanni Agnelli in seinem Büro in Corso Marconi, 1987

nommen hätten! Hut ab, mal wieder, vor Agnellis natürlicher Eleganz. Weht nicht auch Sie leise der Duft des Märchens aus dem neunzehnten Jahrhundert an? Könnte die Geschichte nicht aus De Amicis' Roman Cuore stammen? Die Zutaten sind allesamt vorhanden: der reiche Herr, die beiden kleinen Diebe, der alte Wächter und, als Krönung, die anrückenden Carabinieri, zur Feier des Tages in Galauniform mit Federbusch. Die beiden Ordnungshüter ziehen den Einbrechern die Ohren lang und bringen sie in das Lager zurück, das die Zigeuner an der Straße zum Flughafen aufgeschlagen haben. Die Einzigen, die sich am Ende nicht an das Drehbuch halten, sind die beiden Zigeunerjungen. Da sie sichtlich unerfahren sind und Cuore nicht gelesen haben, verstecken sie sich in einem Schrank, der sonst den Liebhabern in der Komödie vorbehalten ist. Aber man kann ja nicht verlangen, daß sie perfekt sind. Herzlichen Dank, Avvocato, daß Sie in unseren bedrückenden Zeiten mit all den Nachrichten über finstere, schmutzige Gewalttaten dieses kleine Wunder ermöglicht haben!

Sebastiano Vassalli
Giulio Einaudi

Zufällig habe ich ihn getroffen, auf einem jener Kongresse, die in ganz Italien stattfinden, um den Mitgliedern der »Autorenvereinigung« die Möglichkeit zu geben, sich in öffentlichen Lesungen zu produzieren, und den »Karriere-Professoren« die Möglichkeit, dort ihr Geschwafel über die unnützesten Themen – angefangen von »Mythos und industrielle Wirklichkeit« bis zu »Wohin geht die Lyrik?« – zum Besten geben zu können. Er war zerstreut und nicht bei der Sache. (Eines der wenigen Dinge, die ich von ihm weiß, ist, daß er Kongresse nicht mag. Aus einem mir unbekannten Grund aber hatte er sich diesem hier, zu dem man sich getroffen hatte, um über das Thema »Literatur und Grenzüberschreitung« zu diskutieren, nicht entziehen können.) »Ich will einen Roman schreiben«, habe ich dem Verleger gesagt, »über eine komplexe Angelegenheit, die trotz all der Jahre, die seit 1945 vergangen sind, teilweise noch ungeklärte Seiten hat. Über Italien, das den Faschismus hinter sich läßt. Was hältst du davon?« Und dann habe ich noch erklärend hinzugefügt: »Es ist die Geschichte derjenigen, die wie ich bei Kriegsende noch Kinder waren und jetzt Erwachsene in den Vierzigern sind, mit grauen Haaren oder Glatze, abgemagert oder aufgedunsen, resigniert oder schon völlig am Ende. Es ist der Roman meiner Generation. Auf der einen Seite stehen wir, Kinder und Jugendliche, auf der anderen all die Italiener – zum größten Teil schon tot, so Gott will! –, die zwanzig Jahre lang Faschisten waren und mit einem Mal aus dem Wahn und den Träumen herausgerissen werden und ihrem idiotischen Schicksal Aug in Aug gegenüberstehen. Vierzig Millionen gerupfter Individuen ohne Zukunft ohne Vaterland ohne Würde: ein jammernder und widerwärtiger Pöbel, ein riesiger, lärmender Hühnerstall. Über die ganze Welt zerstreut« und so weiter. Wenn ich rede, passiert es mir, daß ich in Fahrt gerate, und der Herausgeber sah mich mit einem Ausdruck an, der zwischen abgelenkt und verärgert lag, und nickte mir zustimmend zu; man sah aber deutlich, daß er andere Dinge im Kopf hatte: vielleicht die öffentlichen Subventionen für seinen vor dem Bankrott stehenden Verlag oder die Blondine, die ihm beim Eintreten mit dem Händchen zugewinkt hatte, »ciao ciao«, aber nicht näher gekommen war, weil sie gesehen hatte, daß er mit mir beschäftigt war. Wer weiß. Ich hätte es sein lassen sollen, das war mir völlig klar; aber wenn ich anfange, über meine Romane zu sprechen, kann mich niemand aufhalten, und so habe ich weitererzählt: »Die Widerstandsbewegung kommt darin nicht vor. Das kleine und edle Italien der Dreißiger- oder Dreihunderttausend, die auf den Rückzugswegen gegen die Faschisten und die Deutschen kämpften, hat bereits seine eigene, meiner Ansicht nach, beachtenswerte Literatur, sie ist das

Feigenblatt, dessen sich das andere Italien, das Unedle der vierzig Millionen Exfaschisten, in der Folge bedient hat, um seine Scham zu bedecken. In unzähligen Verwandlungsoperationen ...«

Während ich sprach, fühlte ich mich lächerlich, und sicher war ich es auch. Ich stand mit einem Glas in der Hand im prunkvollen Salon eines Palazzo, der in den vergangenen Jahrhunderten wer weiß welche Schlemmereien von Großherzögen und Fürsten gesehen hatte, und faselte über Krieg, über Faschismus... Über Verwandlungsoperationen: Das war der Gipfel! Um mich und den Verleger gab es ein Gedränge von widerlichen Kongreßteilnehmern, die mich anrempelten, mich drängten, mir gegen das Schienbein traten und mit aller Kraft versuchten, mich von meinem privilegierten Platz zu entfernen, um ihn selbst mit ihrer abstoßenden Gestalt einzunehmen, und dem Verleger von den Gedichten, die sie im Busen hegten, oder den Romanen, die sie in der Schublade hatten, erzählen zu können. Um ihm zu sagen: Schau her, da bin ich! Der Beste der »Autorenvereinigung«, der erste authentische »Romancier des Nichts«, der Hauptvertreter der »Karriere-Professoren«! Alle Literaten und Professoren Italiens sind ganz verrückt auf diese Kongresse und vor allem auf die Gelegenheiten, bei denen man sich drei Tage lang auf Kosten anderer den Bauch vollschlägt, Heizkosten spart (sommerliche Variante: man fährt ans Meer) und seine Public Relations in einem angenehm mondänen Rahmen pflegen kann. »Ja, sicherlich«, war die Antwort des Verlegers, aber man sah, daß er bekümmert war, wegen des Ambientes, wegen der Hände, die er nacheinander wie am Fließband drückte (»Lieber Bianchetti!«, »Ciao Rossi!«, »Wie geht's, Verdolini« und so fort), des Lächelns und der Grüße, die er über meinen Kopf hinweg und auch durch ihn hindurch verteilte (»Na so was, wen sieht man denn da: De Profundis!«, »Wer hätte das gedacht: Toccaferri!«). Als dann ein Minister auftauchte und alle Rossis und Verdolinis Italiens hinstürzten, um ihn aus der Nähe zu sehen, nützte er die Gelegenheit und wiederholte: »Ja, sicherlich. Der Roman einer Generation. So hört es sich gut an. Aber in der Praxis macht man keine Romane mit Generationen, man macht sie mit Personen, Sebastiano, und hast du sie, diese Personen? Ich meine, bei dem jetzigen Stand des Projekts?«

»Aber natürlich«, habe ich geantwortet und begonnen, sie ihm aufzuzählen, von den berühmtesten bis zu den unbekannten, aber wenig später mußte ich damit aufhören, denn der Minister hatte den Verleger erblickt und rief ihn (»Verehrtester!«). Der Verleger reagierte mit einer Geste der Verzagtheit, die so unmerklich und kurz war wie das »Klick« eines Fotoapparates; dann hob er beide Hände und säuselte: »Wen sieht man denn da!« Mir hat er noch zugeflüstert: »Sprechen wir noch einmal darüber. Komm an einem der nächsten Tage bei mir vorbei.« Und dann ist er dem Minister mit einem wunderbaren Lächeln im Gesicht entgegengegangen. Die Umarmung war denkwürdig, sowohl was die Länge als auch die Intensität der Gefühlsäußerungen betraf (»Lieber Giovanni!«, »Lieber Giulio!«).

Ich bin zum Buffet geeilt und habe das Durcheinander ausgenützt, um mir sechs oder sieben Sandwiches in die Tasche zu stecken. Ich bildete mir zu der Zeit ein, meinen Roman mit erfundenen Personen, vor allem aber mit historischen

Gestalten machen zu können: so zum Beispiel mit Vittorio Emanuele III. von Savoyen, König Italiens von Gottes Gnaden und so weiter. Er schien mir eine herrliche Figur zu sein, man konnte seine Oberfläche etwas bearbeiten, ihn aber in der Substanz belassen: Er war der Erfinder des Faschismus und nicht jener Bajazzo, der vom Balkon aus zu Italien gesprochen hatte. Vittorio Emanuele III. war von den Historikern schlecht behandelt und von den Untertanen beiseite geschoben worden; man erinnerte sich seiner nur aufgrund der Anekdoten über seine bescheidene Körpergröße, derentwegen er seine Säbel kürzen und die Bänke der königlichen Gärten niedriger machen lassen mußte. Ich aber würde ihn wieder in seine Protagonistenrolle einsetzen, die ihm übrigens bis zu seiner Abdankung zustand. Ich würde ihn in den Mittelpunkt des Romans stellen. Ein weiser Mann und großer König, der Italien über alle Maßen liebte, genug, um sich vorzustellen, er könne es von den kleinen Scheusalen, die es verpesten, den sogenannten Italienern, befreien. (Ich hatte schon die Biographen gelesen: den Bolla, den Puntoni, den Scaroni, den Bartoli, den D'Aroma, den Cesarini, den Mayda, den Consiglio und so weiter. Ich hatte mir schon eine beeindruckende und komplette Dokumentation über meinen König zugelegt.) Von der Seite her bin ich hinter das Getränkedepot geschlüpft, habe mir eine Flasche Wermut in den Mantel gesteckt – als Huldigung an das Thema des Kongresses (»Literatur und Grenzüberschreitung«) – und hatte schon die Hand nach einer zweiten Flasche, ich glaube, es war Sekt, ausgestreckt, mußte aber von meinem Vorhaben ablassen, denn einer der Organisatoren hatte mich von der anderen Seite des Saales aus gesehen und mir zugerufen: »He, du da, was soll das?« Unter Einsatz seiner Ellbogen versuchte er, in dem Gedränge von Mitgliedern der »Autorenvereinigung« und »Karriere-Professoren« zu mir zu gelangen. »Meinst du, du kannst abhauen? Bleib stehen!« Dann fing er an, mich zu beschimpfen: »Du Dieb, du Halunke!« Ich bin die Wand entlang bis zum Saalausgang geschlüpft, zur Freitreppe gerannt, und weg war ich. Und so ist der Kongreß für mich zu Ende gegangen.

Der Verleger Giulio Einaudi, 1988

Primo Levi
Der Letzte

Nun steht Weihnachten vor der Tür. Alberto und ich gehen Schulter an Schulter in dem langen grauen Zug, vornübergebeugt, um dem Wind besser standhalten zu können. Es ist Nacht, und es schneit; es ist nicht leicht, sich auf den Beinen zu halten, noch schwieriger, im Schritt und in Reih und Glied zu bleiben: Hin und wieder stolpert einer, fällt in den schwarzen Kot, und man muß darauf achten, ihm auszuweichen und wieder in die Reihe zu kommen.

Seit ich im Labor bin, arbeiten Alberto und ich getrennt, und auf dem Rückmarsch haben wir uns immer vieles zu erzählen. Gewöhnlich geht es nicht um erhabene Dinge, sondern um die Arbeit, die Kameraden, das Brot, die Kälte. Aber seit einer Woche gibt es etwas Neues: Lorenzo bringt uns jeden Abend drei oder vier Liter Suppe von den italienischen Zivilarbeitern. Um das Beförderungsproblem zu lösen, mußten wir uns besorgen, was man hier eine »Menashka« nennt; das ist ein Eßnapf in Sonderanfertigung, aus verzinktem Blech, schon mehr ein Eimer als ein Napf. Silberlust, der Blechschmied, hat sie uns aus zwei Stücken Regenrinne im Tausch für drei Brotrationen gemacht; ein herrliches Gefäß, solide und mit großem Fassungsvermögen, wie ein Gerät aus der Steinzeit.

Im gesamten Lager haben nur noch ein paar Griechen eine größere Menashka als wir. Außer den materiellen Vorteilen hat uns das eine spürbare Verbesserung unserer sozialen Stellung eingebracht. Eine Menashka, wie wir sie besitzen, ist ein Adelsbrief, ein heraldisches Zeichen. Henri ist im Begriff, unser Freund zu werden, und behandelt uns wie seinesgleichen; L. spricht jetzt mit uns in väterlich-gutmütigem Ton; und Elias haftet uns dauernd an den Fersen, bespitzelt uns unermüdlich, um hinter das Geheimnis unserer »Organisacja« zu kommen, überhäuft uns andererseits mit unverständlichen Solidaritäts- und Freundschaftsbekundungen und betäubt uns mit einer Litanei außerordentlicher italienischer und französischer Obszönitäten und Flüche, die er wer weiß wo gelernt hat und mit denen er uns offenbar eine Ehre erweisen will.

Was die moralische Seite des neuen Zustands betrifft, mußten Alberto und ich zugeben, daß daran nichts ist, worauf man besonders stolz sein könnte; aber es ist so leicht, Rechtfertigungen zu finden! Und schließlich ist schon allein der Umstand, neuen Gesprächsstoff zu haben, ein nicht zu unterschätzender Vorteil.

Wir reden über den Plan, uns eine zweite Menashka anzuschaffen, um sie mit der ersten abwechseln zu lassen; so müßten wir nur einmal am Tag zu der abgelegenen Stelle des Bauplatzes, wo Lorenzo jetzt arbeitet. Wir reden über Lorenzo und über die Art, ihn zu entschädigen; gewiß später, falls wir wieder heimkehren, werden wir alles für ihn tun, was wir können. Aber was nutzt es schon, davon zu sprechen? Er und wir wissen nur zu gut, daß wir kaum heimkehren werden. Man müßte sofort etwas unternehmen; wir könnten den Versuch machen, seine Schuhe in unserer Lagerwerkstatt reparieren zu lassen, wo die Reparatur kostenlos ist (es klingt paradox, aber in den Vernichtungslagern ist von Amts wegen alles kostenlos). Alberto wird es versuchen; er ist mit dem Chefschuster befreundet, vielleicht reichen ein paar Liter Suppe.

Wir reden über unsere drei neuesten Unternehmungen und bedauern übereinstimmend, daß uns das Berufsgeheimnis verbietet, sie auszuplaudern; schade: unser persönliches Ansehen würde außerordentlich steigen.

Die erste ist meine Erfindung. Ich habe erfahren, daß der Blockälteste vom Block 44 knapp an Besen ist und habe einen von der Baustelle organisiert. Das ist weiter nichts Besonderes. Aber die Schwierigkeit lag darin, den Besen auf dem Rückmarsch ins Lager einzuschmuggeln, und diese Schwierigkeit habe ich, wie ich glaube, in einmaliger Weise gelöst, indem ich die Diebesbeute in Unter- und Oberteil zerlegte, letzteres in zwei Stücke sägte, die Teile einzeln ins Lager schaffte (die beiden Stielenden unter den Hosen an die Schenkel gebunden) und alles im Lager wieder zusammensetzte, wozu ich ein Stück Blech, Hammer und Nägel auftreiben mußte, um die beiden Holzenden zusammenzufügen. Der Transport hat nur vier Tage in Anspruch genommen.

Entgegen meiner Befürchtungen hat der Besteller meinen Besen keineswegs im Wert heruntergesetzt, sondern ihn sogar verschiedenen Freunden als Kuriosität gezeigt, die mir einen regulären Auftrag auf zwei weitere Besen »gleichen Modells« erteilten.

Doch Alberto hat ganz andere Eisen im Feuer. Zunächst hat er die »Operation Feile« ausgeklügelt und schon zweimal mit Erfolg durchgeführt. Er geht ins Werkzeugmagazin, verlangt eine Feile und sucht sich eine ziemlich große aus. Der Magazinverwalter schreibt neben Albertos Nummer »eine Feile«, und der begibt sich schnurstracks zu einem zuverlässigen Zivilisten (ein abgefeimter Spitzbube aus Triest, ein rechter Teufelsbraten, der Alberto mehr aus Liebe zum Handwerk denn aus Eigennutz oder Menschenfreundlichkeit behilflich ist), dem es nicht schwerfällt, auf dem freien Markt die große Feile gegen zwei kleine gleichen oder minderen Wertes umzutauschen. Alberto bringt »eine Feile« dem Magazin zurück und verkauft die andere.

Und schließlich hat er in diesen Tagen sein Meisterstück vollbracht, eine kühne neue »Kombination« von besonderer Eleganz. Dazu sei gesagt, daß Alberto seit einigen Wochen eine Spezialaufgabe hat: Morgens, auf dem Bau, bekommt er einen Eimer, in dem sich Zangen, Schraubenzieher und ein paar hundert Zelluloidplättchen von verschiedener Farbe befinden, die er mit besonderen Halteschellen zur Kennzeichnung der zahlreichen und langen Rohrleitungen für kaltes und warmes Wasser, Dampf, Druckluft, Gas, Dieselöl, Vakuum und so weiter montieren muß, von denen die Polymerisations-Abteilung in allen Richtungen durchzogen wird. Es gehört noch dazu (und es sieht so aus, als habe dies gar nichts damit zu tun; aber besteht die Findigkeit nicht gerade darin, Verknüpfungen von einander scheinbar fremden Ideenbereichen zu entdecken oder herzustellen?), daß für alle Häftlinge die Dusche in verschiedener Hinsicht eine recht unangenehme Prozedur ist (das Wasser ist spärlich und kalt oder auch kochend, es gibt keinen Umkleideraum, wir besitzen weder Handtücher noch Seife, und man kann während dieser erzwungenen Abwesenheit leicht bestohlen werden). Da das Duschen obligatorisch ist, gebrauchen die Blockältesten ein Kontrollsystem, um diejenigen bestrafen zu können, die sich davor drücken; meistens steht ein Vertrauensmann des Blocks an der Tür und tastet wie Polyphem jeden Hinausgehenden ab, ob er naß ist; ist das der Fall, bekommt er eine Marke, wer jedoch trocken ist, bekommt fünf Hiebe übergezogen. Nur wenn man die Marke vorzeigt, erhält man am nächsten Morgen sein Brot.

Albertos Aufmerksamkeit hat sich auf diese Marken konzentriert. Gewöhnlich sind sie nichts anderes als kümmerliche Papierzettel, die feucht, geknifft und unansehnlich zurückgegeben werden. Alberto kennt die Deutschen, und alle Blockältesten sind Deutsche oder durch die deutsche Schule gegangen: Sie lieben Ordnung, System, Bürokratie; und wenn sie auch schlagfreudige und jähzornige Rüpel sind, haben sie doch eine kindliche Freude an allen glitzernden und bunten Dingen.

Dies ist also das Thema; und nun folgt seine brillante Durchführung. Alberto entwendete systematisch eine Reihe von Schildchen derselben Farbe; und aus einem jeden machte er drei kleine Scheiben (das dazu nötige Instrument, einen Korkbohrer, organisierte ich im Labor). Als zweihundert Scheiben hergestellt waren, die für einen Block reichen, ging er zum Blockältesten und bot ihm die »Spezialität« zur unerhörten Quotierung von zehn

Brotrationen auf Raten an. Der Kunde ging mit Begeisterung darauf ein, und jetzt verfügt Alberto über einen großartigen Modeartikel, den er mit absoluter Sicherheit in allen Baracken absetzen kann, eine Farbe pro Baracke (kein Blockältester wird als knickrig und rückständig gelten wollen); und, was noch wichtiger ist, er braucht keine Konkurrenz zu fürchten, weil nur er an das Rohmaterial herankommt. Ist das nicht vortrefflich ausgeklügelt?

Über diese Dinge sprechen wir, von einer Pfütze in die andere stolpernd, auf unserm Weg zwischen schwarzem Himmel und Straßenkot. Wir gehen und sprechen. Ich trage die beiden leeren Eßnäpfe, Alberto die angenehme Last der vollen Menashka. Wieder die Musik der Kapelle, die Zeremonie des ruckartigen »Mützen ab« vor der SS; wieder »Arbeit macht frei« und die Meldung des Kapos: »Kommando 98, zweiundsechzig Häftlinge, Stärke stimmt.« Aber die Formation löst sich nicht auf, man läßt uns bis zum Appellplatz marschieren. Wird denn Appell sein? Nein, kein Appell. Wir sehen das grelle Licht des Scheinwerfers, die wohlbekannten Konturen des Galgens.

Noch über eine Stunde lang kehren die Kolonnen zurück, mit dem harten Schlag der Holzsohlen auf dem vereisten Schnee. Als alle Kommandos da sind, bricht die Kapelle unvermittelt ab, und eine rauhe deutsche Stimme gebietet Schweigen. In der plötzlichen Stille erhebt sich eine andere deutsche Stimme und spricht lange und zornig in der dunklen, feindseligen Luft. Schließlich bringt man den Verurteilten in den Lichtkegel des Scheinwerfers.

Dieser ganze Apparat, dieses verbissene Zeremoniell ist für uns nichts Neues mehr. Seit ich im

Lager bin, habe ich schon dreizehn öffentlichen Hinrichtungen durch den Strang beiwohnen müssen; bisher jedoch ging es um gewöhnliche Verbrechen, Küchendiebstähle, Sabotagen, Fluchtversuche. Heute jedoch geht es um etwas anderes.

Im vergangenen Monat ist in Birkenau eines der Krematorien in die Luft gesprengt worden. Keiner von uns weiß (und vielleicht wird es auch keiner jemals wissen), wie das Unternehmen im einzelnen durchgeführt wurde: Es ist die Rede vom Sonderkommando, das den Gaskammern und den Öfen zugeteilt ist, das in periodischen Zeitabständen selbst vernichtet wird und das man in strengster Absonderung vom übrigen Lager hält. Tatsache ist, daß in Birkenau einige hundert Menschen, wehrlose, schwache Sklaven wie wir, in sich selbst noch die Kraft gefunden haben, zu handeln, die Frucht ihres Hasses zur Reife zu bringen.

Dieser Mensch, der heute vor unseren Augen sterben wird, hat sich in irgendeiner Weise an der Revolte beteiligt. Man sagt, er habe Verbindungen zu den Aufständischen von Birkenau gehabt, er habe Waffen in unser Lager gebracht, er habe zur gleichen Zeit eine Meuterei auch unter uns anstiften wollen. Heute wird er vor unseren Augen sterben: Und vielleicht werden die Deutschen nicht begreifen, daß ihm der einsame Tod, der Tod als Mensch, der ihm vorbehalten wurde, Ruhm und nicht Schande einbringen wird.

Als des Deutschen Rede, die keiner verstehen konnte, zu Ende ist, erhebt sich wieder die erste, heisere Stimme: »Habt ihr verstanden?«

Wer antwortet mit »Jawohl«? Alle und keiner: Es war, als habe unsere verfluchte Resignation Gestalt angenommen und sei über unsern Häuptern kollektive Stimme geworden. Aber alle hörten den Schrei des Sterbenden, er drang durch die starken alten Barrieren von Trägheit und Unterwürfigkeit, rüttelte an dem nackten Lebensnerv eines jeden von uns: »Kameraden, ich bin der Letzte!«

Könnte ich doch berichten, daß sich aus uns verworfner Herde eine Stimme erhoben hätte, ein Murmeln, eine Äußerung von Einverständnis. Nichts geschah. Wir blieben stehen, gebeugt und grau und gesenkten Hauptes, und wir nahmen unsere Kopfbedeckung erst ab, als der Deutsche es uns befahl. Die Fallgrube öffnete sich, jener Körper zuckte furchtbar; die Kapelle setzte wieder ein, und wir, von neuem zur Marschkolonne geordnet, zogen am letzten Beben des Sterbenden vorbei.

Am Fuße des Galgens sehen die SS-Leute teilnahmslos auf unsern Vorbeimarsch; ihr Werk ist vollbracht, es ist gut vollbracht. Nun können die Russen kommen: Es gibt keine starken Menschen mehr unter uns, der letzte hängt über unsern Köpfen, für die andern haben ein paar Stricke genügt. Die Russen können kommen: Nur uns Gebändigte werden sie finden, uns Erloschene, die wir nunmehr den wehrlosen Tod verdienen, der auf uns wartet.

Den Menschen zu vernichten, ist fast ebenso schwer wie ihn zu schaffen: Es war nicht leicht, es ging auch nicht schnell, aber ihr Deutschen habt das fertiggebracht. Da sind wir nun, willfährig unter euern Augen. Von uns habt ihr nichts mehr zu fürchten. Keinen Akt der Auflehnung, kein Wort der Herausforderung, nicht einmal einen richtenden Blick.

Alberto und ich sind in die Baracke zurückgekehrt, wir konnten uns nicht in die Augen sehen. Dieser

Mensch muß hart gewesen sein und aus einem ganz anderen Holz als wir, wenn ihn diese Bedingungen, an denen wir zerbrachen, nicht haben beugen können.

Denn auch wir sind zerbrochen, sind besiegt: auch wenn wir verstanden haben, unsere Nahrung zu finden und Mühsal und Kälte zu widerstehen, selbst wenn wir zurückkehren werden.

Wir haben die Menashka aufs Bett gehoben, wir haben geteilt, wir haben die Wut des täglichen Hungers befriedigt, und jetzt bedrückt uns die Scham.

Lalla Romano
Künstler im Atelier: Felice Casorati

Casorati wohnt in Turin. In einem alten Stadtviertel am Po, das so aristokratisch und volkstümlich ist wie die ganze Stadt. Nur wenig Verkehrslärm dringt bis zu seinem Haus: ein schlichter Eingang mit hohen Decken und lang gestrecktem Flur, ein mit Kieselsteinen ausgelegter Innenhof, durch den gepflasterte Wege führen, grau, still und ein wenig feierlich, wie es bei Herrenhäusern auf dem Land anzutreffen ist; und schließlich die Glastür, zu der zwei Steinstufen hinaufführen, an den Seiten geschwungene Geländer aus Messing und Schmiedeeisen sowie das berühmte, bewegliche Holzgerüst. Dieses ganze ein wenig rätselhafte Gebilde, dazu der Ruhm des Meisters, lässt demjenigen, der es zum ersten Mal betritt, den Atem stocken. Auch die Wohnung ist verwirrend: aristokratisch und familiär. Schwarze Möbel, graue Wände, Bücher, ein Flügel; ungestüm stürzen ein Junge und ein Hund hinein, beide wunderschön und stolz. Sie sind hier die Herren im Haus, versteht sich. Es ist köstlich zu sehen, wie Casorati (wer ihn nicht kennt, erwartet, dass er in Orakeln sprechen würde oder »parler peinture« aufmerksam Franceschinos Hausaufgaben für den nächsten Tag nachsieht oder wie er ungeduldig den Beginn einer Kartenrunde mit Freunden erwartet. Natürlich könnte er in Orakeln sprechen, und manchmal tut er es auch, so wie Ingres es zu tun pflegte, wenn einer seiner Schüler sein Wort erbat.

Es langweilen ihn hingegen die Verzückungen von Ästhetisierern, muss er ihnen doch einmal Gesellschaft leisten, so bleibt er höflich und geduldig, zeigt ihnen schließlich voller Stolz ein Stillleben Franceschinos, noch mit unverbrauchter Farbgebung und voller Poesie. Und sind einmal keine Fremden da, ganz gleich, ob kluge oder weniger kluge, noch besser. Seine neuesten Bilder liegen verstreut auf dem glänzenden Deckel des Flügels. Die Perspektive bei Casorati ist, wie beim alten Paul, leicht verändert, da der Maler seitlich stehend gearbeitet hat, sodass er den Schoß seines Modells von oben sehen konnte – wie in der berühmten Stuhl-Portraitreihe, die bei den braven Turinern große Empörung hervorgerufen hat. (Auch heute weckt Casorati Empörung, wenn er in Turin eine Ausstellung macht. Diese Art geistige Knauserigkeit ist typisch für viele Turiner, während nur wenige von ihnen Intelligenz besitzen. Casorati ist der an Malerei reichste Maler, er ist gebildet, ein Musiker, aber vor allem ist er ein »dritto«, wie man in Turin sagt, ein Freigeist, ein Europäer; so wie sein Freund Gobetti, dessen erstes Buch seiner Kunst gewidmet ist, und den Casorati von allen am meisten schätzt). *La donna e l'armatura* lagert im neuen Atelier (das alte war von Bomben zerstört worden), und Casorati sagt beispielsweise, wenn er ein solches Bild betrachtet: »Da haben mich die Kritiker vom rechten Weg abgebracht«. Aber es liegt

Vorderansicht des Königspalastes auf der Piazza Castello

auf der Hand, dass Casorati sich seine »Einflüsse« selbst auswählt, und als sein Stil erst ausgereift war, bedeuteten diese Einflüsse nicht mehr viel. Nicht einmal mehr Modigliani und Picasso, von denen er die figurativen, und damit nebensächlichen Elemente, nicht jedoch die eigentlich stilistischen, übernommen hatte. Betrachtet man *La donna e l'armatura* kommt man nicht umhin festzustellen, ganz so wie die braven Bürger im Museum vor einem Kunstwerk: Wer kann heutzutage noch so malen? Das hat nicht nur mit Handwerk zu tun, es geht darüber hinaus; und es steht fest, dass seine Malerei bereits über die Perfektion und Tiefe von Gemälden im Museum verfügt, also von großer Kunst zeugt. Bei Casorati stellt sich stets der Eindruck von Größe ein, und diese Kategorisierung ist hier gerechtfertigt, denn sie verweist eher auf das Moralische denn auf das Räumliche (wie schön sind doch Worte mit doppelter Bedeutung!). Bei Casorati besitzt auch das Werk, das nicht zu Ende geführt ist, versprengte Zeichen auf einem zu

Boden geworfenen Stück Papier, nichts Fragmentarisches. Casorati führt immer zu Ende. Denn auch ein Ausschnitt zeigt eine Seite der Welt. Bei Casorati findet sich die tiefe Wahrheit von Ingres' Ausspruch wieder: »On ne finit que sur du fini«. Diese seine »Größe« wäre auch geeignet für feierliche Malerei vergangener Zeiten (und dazu fällt ein: »Casorati, el bel Casorati, el pitor de le done e dei grandi«, etwa: Casorati, der schöne Casorati, Maler von Frauen und Berühmten); in Wahrheit ist seine Welt eine Betrachtung (eine rein bildnerische Betrachtung, nichts Literarisches, und trotz all der Symbole und Allegorien, die er gern gebraucht, bleiben sie Betrachtungen von außen). Denn wenn der Mensch freundlich, jedoch zurückhaltend ist, so ist seine Kunst menschlich, weist aber das »Allzumenschliche« zurück. Casorati lehnt diese Art Fragment ab, nicht als eine Art »Erleuchtung«, sondern das Fragment als ein Stück Materie, als Bewegung, als Naturalismus.

Giuseppe Culicchia
Mein Studium im Café Fiorio

Die Welt schien endgültig unterzugehen, und in Erwartung dessen beschränkte ich mich darauf, im Kreis herumzulaufen, tagaus, tagein. Ich legte immer mehr oder weniger dieselbe Strecke zurück. Ohne Ziel. Jeden Tag dieselben Straßen. Dieselben Schaufenster. Dieselben Gesichter. Aus den Geschäften heraus begafften die Verkäufer die Passanten, wie die Tiere im Zoo die vorbeiziehenden Touristen begaffen. Verglichen mit denen fühlte ich mich fast frei. Allerdings stand mir nur frei, nichts zu tun.

Via Po Piazza Castello Via Roma. Piazza San Carlo Via Carlo Alberto Via Lagrange. Piazza Carignano Piazza Carlo Alberto Via Po. Und wieder von vorne: Piazza Castello Via Roma Piazza San Carlo. Jeden Tag. Tagaus, tagein. Kilometer für Kilometer. Ohne Ende. Die Sohlen meines einzigen Paars Schuhe waren schon ganz abgelaufen. Beim Gehen versuchte ich, die Füße so wenig wie möglich aufzusetzen, aber das führte nur dazu, daß ich eher hüpfte als ging. Ich wollte keinen Job als Verkäufer. Ich wollte keine Karriere machen. Ich wollte mich nicht in einen Käfig einsperren. Doch mittlerweile war die Stadt mein Käfig. Ihre immergleichen Straßen waren mein Labyrinth. Kein Faden, an den ich mich halten konnte. Keinerlei Aussicht mehr.

Die Universität war ein großer Kasten aus Glas und Stahlbeton und sah exakt aus wie das UNO-Hauptquartier, nur daß es auf einer Seite lag, dreckig war und ohne New York drumherum. Alles dort war grau: stahlgrau, mausgrau, perlgrau. Die Gänge waren grüngrau. Die Aufzüge rauchgrau. Die Wände der Hörsäle hellgrau. Nur die Scheiße, die in den Kloschüsseln antrocknete, weil die jungen Poetenphilosophen nicht auf die Spülung drückten, die war braun.

Ich begann die Vorlesungen zu besuchen. Ziemlich schnell fand ich heraus, daß es nur ganz wenige wirklich interessante Veranstaltungen gab und daß der Hauptzweck der anderen darin bestand, die Studenten zum Kauf der Bücher zu bewegen, die der Professor geschrieben hatte.

Die Bar gegenüber der Uni war ständig überfüllt, aber bei den Preisen konnte ich mir nichts leisten. Scheinbar hatten alle Poetenphilosophen mehr Geld als ich, ganz zu schweigen von den Karrieretypen, die sich für Jura eingeschrieben hatten. Gewöhnlich trafen sie morgens gegen zehn in ihren funkelnagelneuen Geländewagen ein, parkten in zweiter oder dritter Reihe und stellten sich mit einem Aperitif an die Theke.

Mein Auftritt war nicht ganz so strahlend. Ich stieg aus der quietschenden Straßenbahn, wobei ich unter der Jacke eine Dose Bier und das riesige Gorgonzolasandwich verbarg, das ich von zu Hause mitgebracht hatte. In der Mittagspause durchstö-

Café Platti

berte ich das ganze Gebäude auf der Suche nach einem leeren Hörsaal, wo ich mich verstecken konnte, um in aller Einsamkeit zu essen.

Eines Tages, als die Uni vor lauter Leuten aus den Nähten platzte, flüchtete ich mich mit meinem Sandwich in Hörsaal 36. Hörsaal 36 war der absolut finsterste. Die Fenster waren verdunkelt, damit man während des Seminars über die Geschichte des Kinos Filme zeigen konnte. Ich stieg die Stufen zwischen den Bänken hoch und setzte mich in eine der letzten Reihen. In der Bomberjacke hatte ich alles, was ich brauchte: ein Heft, meinen Bleistift, eine Ausgabe von ›Ecce homo‹, das Sandwich und das Bier. Ich biß in den Gorgonzola, während ich auf das Licht starrte, das durch die geöffnete Tür vom Gang hereinfiel. Es tat gut, alleine im Dunkeln zu sein. Ich machte die Dose auf. Da unterbrach eine Stimme hinter mir die Stille.

Die Turiner Cafés sind für ihre Schönheit berühmt.

»Welches Semester bist du?«

Ich drehte mich um. Im Dunkeln entdeckte ich schemenhaft einen Typ, den ich in einer Ethik-Vorlesung gesehen hatte. Er trug ein blondes Bärtchen und eine Kordjacke. Der Prototyp des Poetenphilosophen.

»Welches Semester bist du?« fragte er mich zum zweiten Mal.

»Erstsemester«, antwortete ich und wurde rot. Mamas Sandwiches hatten mich schon immer ganz verlegen gemacht.

»Ich bin auch im ersten«, sagte er, während er die Stufen herunterkam und sich neben mich setzte. Er gab mir die Hand.

»Ich heiße Alessandro. Alessandro Castracan.«

»Freut mich.« Ich drückte seine Hand. »Ich bin Walter.«

»Ich bin. Große Worte. So einfach ist das ja nun

nicht. Wenn du sagst, du bist Walter, meinst du das dann im cartesischen oder im heideggerschen Sinn?«

Irgendwie wurde der Hörsaal noch finsterer. Ich versteckte mein Sandwich unter dem Pult.

»Tja, also, mein Name ist Walter. Das ist alles.«

»Natürlich. Aber du bist Walter im Sinne von Dasein, und weil du dich in die Welt geworfen siehst, da du ein Mensch bist, stellst du dir die Frage nach dem Sein, richtig?«

Durch ein schwaches Kopfnicken zeigte ich meine Zustimmung. Mein Magen beschwerte sich geräuschvoll, er grunzte fast.

»Gott sei Dank. Ich hatte schon Angst, du beziehst dich auf das Walter-Sein von einer cartesischen – oder noch schlimmer, nicht wahr? – einer hegelianischen Warte aus.«

»O nein.« Warum mußte das ausgerechnet mir passieren? Ein wandelndes Zitat.

»Ich ertrage Hegel einfach nicht«, sagte er zähneknirschend. Ein mörderisches Funkeln lag in seinen Augen. Im Dunkeln bemerkte ich, daß er eine beunruhigende Ähnlichkeit mit Bela Lugosi hatte. »Hegel steht am Anfang aller Übel unseres Jahrhunderts. Alle Diktaturen sind Töchter von Hegel. Man sollte ein für allemal das Studium seiner Werke verbieten, Scheiterhaufen errichten und jedes einzelne Exemplar seiner protonazikommunistischen Texte verbrennen.«

An diesem Punkt grunzte mein Magen ohne jede Rücksicht. Aber eine Stimme unterbrach ihn.

»Alessandro! Hier steckst du also!«

Beide drehten wir uns zum Flur um. In der Tür war ein Mädchen erschienen. Im Gegenlicht konnte ich ihre Gesichtszüge nicht erkennen.

»Christina! Ich komme gleich!« rief Bela Lugosi.

Dann lächelte er mich an. »Die Frauen. Du wirst sie einfach nicht los. Wir sehen uns dann in Ethik. Ciao.«

Ich wartete, bis sie weg waren, bevor ich unter der Bank nach dem Sandwich suchte. Mit ziemlicher Sicherheit war es jetzt voller Staub, aber in der Dunkelheit war das nicht zu sehen.

Ich beschloß, im Café Fiorio weiterzulernen.

Das Café Fiorio befand sich in der Via Po. In der Schulzeit war ich jeden Nachmittag mit Enza und Ciccio zum Eisessen hergekommen. Irgendwann hatten wir uns dann mit den Kellnern und der Besitzerin angefreundet. Für sie waren wir nur die mit den komischen Haaren: Enza neonfarben, Ciccio mit Irokesenschnitt und ich mit Glatze. Wir durften sogar an den Tischen sitzen, ohne daß wir etwas konsumierten. Oder sie gaben uns Rabatt, und unsere Eistüten waren immer größer als die der anderen. Also begann ich, im Fiorio zu lernen. In den hinteren Räumen ließ es sich bestens lernen. Die Umgebung war ruhig, entspannt. Ich konnte stundenlang bleiben, ohne daß jemand meckerte, selbst wenn ich nur einen Kaffee oder ein Glas Wasser bestellt hatte. Weiße Stuckdecken, Parkettböden, samtbezogene Stühle ... Es war das schönste Haus, in dem ich je gewohnt hatte. Um zu sparen, hatte ich die Bücher für die Prüfung in Philosophiegeschichte aus der Nationalbibliothek ausgeliehen und fotokopiert. Es handelte sich um alte Ausgaben, die vom vielen Benutzen abgegriffen waren. Beim Lernen fragte ich mich, wessen Augen diese von der Zeit vergilbten Seiten wohl schon gelesen hatten. Ich hatte mir in den Kopf

Die »Galleria Subalpina« ...

... *im Zentrum von Turin*

gesetzt, daß so alte Bände mir Glück bringen würden.

Am Morgen der Prüfung kam ich völlig fertig in die Uni. Die letzte Woche hatte ich vor lauter Lernen praktisch nicht geschlafen. Ich hatte mich mehr als drei Monate lang vorbereitet. Als ich vor der Prüfungskommission stand, stellte ich fest, daß ich der einzige Prüfling in Jeans und Turnschuhen war. Die anderen Poetenphilosophen hatten große Sorgfalt darauf verwandt, sich herauszuputzen. Die Jungs trugen Sakko und Krawatte, während die Mädchen zur Feier des Anlasses mit superkurzen Miniröcken glänzten. Ich selbst besaß überhaupt weder Sakko noch Krawatte. Und meine Beine wären auf alle Fälle viel zu behaart gewesen.

Ich lernte bis zum allerletzten Moment, dann war ich an der Reihe. Ich setzte mich hin und legte mein Studienbuch auf den Tisch. Der Assistent des Professors warf einen Blick hinein.

»Sie haben Fachabitur auf einer Bauzeichnerschule gemacht?« fragte er mich und sah mir dabei in die Augen.

»Ja.«

Er setzte ein seltsames Lächeln auf.

»Na, dann wollen wir doch mal sehen, was man auf der Baustelle so über die Geschichte der Philosophie lernt«, sagte er.

Da lächelte auch der Professor. Ich nicht.

»Erzählen Sie mir etwas über Paragraph fünf der zweiten Auflage von Kants ›Transzendentaler Ästhetik‹ bezüglich der transzendentalen Erörterung des Zeitbegriffs.«

Ich erstarrte. Wovon redete der denn? Welcher Paragraph fünf? Es gab keinen Paragraph fünf bezüglich der transzendentalen Erörterung des Zeitbegriffs in dem Buch, mit dem ich gelernt hatte.

»Also? Was können Sie mir erzählen?«

»Tja, um die Wahrheit zu sagen, damit habe ich mich nicht beschäftigen können.«

»Wie bitte?«

Die Poetenphilosophen hielten den Atem an.

»Es gab keinen Paragraph fünf über die transzendentale Erörterung des Zeitbegriffs in dem Text, der im Prüfungsverzeichnis angegeben war«, sagte ich.

Der Professor griff nach der ›Kritik der reinen Vernunft‹, die ich auf den Tisch gelegt hatte, und betrachtete sie.

»Wo haben Sie diesen Band her?«

»Aus der Nationalbibliothek.«

»In dieser Ausgabe fehlt der Paragraph fünf. Kant hat ihn dem darauffolgenden Neudruck hinzugefügt. Ich wußte nicht, daß auch die erste Version übersetzt worden ist. Sie müssen die Prüfung wiederholen.«

Ich sagte nichts.

»Der Nächste bitte«, sagte der Assistent.

Elena Loewenthal
Emilia

Da stand sie nun wirklich, Emilia: zierlich, und wenn nicht klein, so war sie auch nicht groß zu nennen; ihre Gesichtszüge schienen wie mit einem gerade eben gespitzten Stift gezeichnet. Sie war anmutig aber nicht schön, ihre Augen lagen ein wenig tief, und ihr Haar war dunkel, wenngleich matt glänzend, im Nacken streng zusammengesteckt. Ihr Blick zeugte von einer nach innen gewandten Intelligenz, von einem Geist, der stets zum Nachdenken bereit war.

»Emilia, komm. Es ist Zeit.«

Rosinas Stimme erklang vom hinteren Teil des Raumes. Ihre Tochter stand weiterhin am Fenster und blickte auf das Wenige, das ihr der schmale Ausschnitt erlaubte: gegenüber ein Haus auf der anderen Straßenseite, das den Himmel zerteilte, und unten das Kopfsteinpflaster, das wie die Skizze eines Mosaiks das jüdische Ghetto, das sich in diesem schmalen Häuserblock verbarg, in Kästchen teilte. Das eigentliche Ghetto gab es schon seit Jahren nicht mehr, doch waren viele jüdische Familien in ihren Häusern hinter dem schmiedeeisernen Tor geblieben, das sich nach innen auf den von

Marktständen und Werkstätten gesäumten Platz hin öffnete.

Emilia schaute zu ihrer Mutter. Sie lächelte sie an, wendete sich fort vom Fenster, runzelte dann plötzlich die Stirn, weil sie der Impuls von etwas erreichte, das bereits in ihr wohnte: ein Gedanke, ein längst vergangenes Bild.

»Ich komme schon, Mutter.«

Sie lief los, glitt fast hinter Rosina mit einer Gehorsamkeit, die keineswegs fügsam war. Sie bestand aus der Verbindung von Vernunft und Geduld, zusammengehalten von wohldosierter Willenskraft. Vor allem aber besaß sie von klein an die Fähigkeit, anderen eine unerklärliche Verlegenheit einzuflößen, trotz ihrer zarten Figur.

Sie wendete nun endgültig den Blick vom Fenster ab, wohl wissend, dass es für immer sein würde. Dass sie diese vertraute häusliche Umgebung vergessen müsste, um einer neuen Raum geben zu können: anderen Zimmern, anderen Steinen auf dem Straßenpflaster, anderen, neuen Farben, sowohl innen als außen. Seltsam, solche Wehmut an diesem Abend. Sie war nicht so wie jene, die sie bereits verspürt und wieder vergessen hatte in ihren wenigen Lebensjahren (und daran zu denken, dass ihr noch weniger bleiben würden, aber zum Glück ist Wehmut unwissender als die übrigen Gefühle). Sie sehnte sich nach dem Meer, das sie noch nie gesehen hatte, sie sehnte sich nach den Feldern im Herbst – Moschus und Erde und Nebel … wie ein kalter Schauer. Sie sehnte sich jetzt bereits nach dem, was sie bald schon vergessen würde: die Stille dieses Hauses am Abend, die Stimmen am Morgen, das Rot der untergehenden Sonne, das flammend zwischen den Häusern hervorleuchtet und auf den Mauern einen dunklen Schatten zeichnet. Sie folgte ihrer Mutter in ein Zimmer, das auf der anderen Seite des Korridors lag, gleich neben der Glastür des Esszimmers. Dort gab es kein Bett, nur einen Schrank aus dunklem Holz, der die ganze nach Norden gerichtete Wand ausfüllte, vier Stühle, die um einen Tisch angeordnet waren, und die Anrichte gegenüber dem Schrank war von derselben Farbe durchdrungen, die diese vier Wände auszuströmen schienen. Auf dem Fußboden ruhte hinter der geöffneten Tür ein riesiger Koffer, der wegen seines Umfangs beinahe bedrohlich wirkte.

»Hilf mir, ihn von der Wand abzurücken, sonst kann ich ihn nicht öffnen.«

Emilia und ihre Mutter packten je einen der Griffe, hoben den Koffer an und schafften ihn einige Handbreit von der Mauer fort, gerade soviel, dass sich der Deckel öffnen ließ. Aufgeklappt konnte man an seiner Innenseite ein Futter aus ockerfarbenem Stoff erkennen, das mit dem grünen Lack kontrastierte, sowie Verstärkungsbleche und Bolzen, die wie riesige Stecknadelköpfe aussahen. Nun beugten sich die beiden Frauen über den Inhalt, ganz, als hielten sie sich an einem Geländer fest und schauten über das Meer – die deutliche Linie des Horizonts zwischen zwei Blautönen, die sich treffen, Schaumkronen und das Grün der Pinien.

Rosinas Stimme versank in den Stoffen, genau wie ihre Blicke. Von dort drinnen drang sie wieder zurück zu Emilia.

»Dies ist deine Aussteuer, meine Tochter. Nun darfst du sie sehen. Du wirst sie mit dir nehmen.«

In dem Koffer schien alles mit einer unerschütterlichen Ordnung zurechtgelegt worden zu sein. Rosina rührte nichts an, noch strich sie eine einzige Falte glatt, noch griff sie nach etwas, um es ihrer Tochter zu zeigen, stattdessen listete sie sich im Geiste noch einmal voller ängstlichem Eigensinn den Inhalt dieser Schatztruhe auf, den sie doch auswendig kannte, nach Jahren besorgter Aufmerksamkeit, unermüdlicher Handarbeit, lang abgewogenen Käufen. Sie hatte ein Teil nach dem anderen mit unendlicher Geduld zusammengetragen, in Erwartung des Tages, an dem Emilia den Inhalt samt dem Koffer fortbringen würde, all die Stoffe und Schussfäden vieler Tage Handarbeit, all die zahllosen Gedanken, die zahllosen Versuche, sie sich erwachsen vorzustellen, als Mutter sogar, an der Seite eines damals noch unbekannten Mannes. Welche Angst hatte sie vor jenem Tag, der nun der folgende sein würde, mit der Gewissheit, zwischen Sonnenaufgang und Sonnenuntergang das abzugeben, was sie in all den Jahren zusammengetragen hatte, tief im Innern des Koffers und tief in ihrer Erinnerung.

Wie eine Erosion, die tausende von Wassertropfen in einen Fels gegraben hatten, hatte die Zeit eine Art Kluft erzeugt, unten auf dem Grund der Kiste, und dort einen immensen Raum geschaffen. Ganz zuunterst befanden sich sieben Leinentücher, die Emilia kurz nach ihrer Geburt geschenkt bekommen hatte, und deren schneeweiße Farbe wie ein eisiger Hauch über die anderen Stoffschichten strich.

Neben ihnen lag ein farbloses Stück Stoff, das geradezu absichtlich in eine Ecke gedrängt zu sein schien, so, als wolle man es vergessen.

»Ein alter Schleier, aber nicht für die Hochzeit, Emilia. Ich wünschte, du müsstest ihn niemals tragen. Er bedeckt den Schmerz und die Gefühle, die man nicht aussprechen kann. Lass ihn solang wie möglich dort drin, denn einmal auseinandergefaltet scheint er auch unter den behutsamsten Händen zu zerfallen, aber so ist es nicht: Dieser Schleier ist verhext, er ist zäh, Emilia, und wenn er erst ausgebreitet ist, kannst du keinen Kniff mehr erkennen, an dem entlang du ihn wieder zusammenlegen kannst, nie wieder wird er so sein wie vorher.«

Darüber Laken, Bezüge, Handtücher, einige davon noch ungesäumt: Der Bestand, den Rosina der Tochter am Vorabend ihrer Hochzeit darlegte, roch nach Wäsche und nach längst vergangener Zeit. Denn jedes Stück war nicht nur die Vorankündigung eines Zuhauses, in dem sie sich damit kleiden würde, sondern war vor allem Zeichen einer bereits erlebten Geschichte, in der jedes Stoffzipfelchen jahrelang in dem Koffer gewartet hat und nun die Erinnerung entfacht an einen Augenblick und an die mütterliche Zuneigung von Rosina, die, um den folgenden Tag zu ertragen, auch würde lernen müssen, ihre Gefühle zu verbergen – zumindest ein wenig. So auch die Garnitur der zwölf plus zwölf Küchenhandtücher, die an den langen Abenden eines besonders kalten Winters bestickt worden waren – es war auch ein besonders dunkler Winter, in dem Tag und Nacht sich kaum unterschieden. Sie, die Mutter, stickte, und die kleine Emilia hustete, schwitzte und zitterte vor Schüttelfrost, und es schien, als würde dies nie mehr enden wollen. Oder das Schmuckkästchen, das ebenfalls seinen Platz im Koffer gefunden hatte, geschützt vom Stoff. Die Mutter hatte es einmal ganz kurz gezeigt, an Emilias fünfzehntem Geburtstag, und gesagt: »Dies ist für dich. Eines Tages wird es dir gehören.«

Enrico Remmert
Flohmarkt Balôn

Ihr fahrt lange herum, bis ihr hinter der Porta Palatina einen Parkplatz findet. Es ist beißend kalt, und auf dem Markt ist der Teufel los. Alles ist lebendig, hektisch, es wimmelt von Autos, Verkehrspolizisten, Fußgängern, und die Luft ist erfüllt von Pfiffen, Hupen, Geschrei, quietschenden Bremsen und scharrenden Schritten.

Ein Wink des Polizisten, und die ungeordnete Horde, die an der Ampel steht, stürzt auf die Straße.

»Ich liebe den Balôn, aber es sind immer viel zu viele Leute da«, murmelt Camilla.

»Hör mal, warum machen wir nicht zuerst eine Runde über den richtigen Markt?«

»Gibt's da was Interessantes?«

»Komm.«

Während die Massen weiter zum Flohmarkt strömen, geht ihr jetzt in die entgegengesetzte Richtung. Die vollkommene Geometrie des Obst- und Gemüsemarktes nimmt euch auf: Geordnet reihen sich die Stände aneinander, mit größter Präzision, wie die Felder eines Schachbretts, an den Seiten jeweils durch einheitliche Gänge getrennt.

Beim Aufräumen ...

Über jedem Stand ist ein großer rechteckiger Schirm aufgespannt, der größer ist als der Stand selbst und dessen Stoffrand die benachbarten Schirme berührt, so daß kein Spalt bleibt, durch den etwaiger Regen dringen könnte. Unter dem so entstehenden harlekinartigen Dach herrscht ein seltsames Licht, sauber und durchsichtig.

Alles ist sehr gepflegt: Detaillierte Schilder geben die Preise an, und die Zitrusfrüchte sind zu perfekten gelben und orangefarbenen Pyramiden aufgeschich-

... nach dem Wochenmarkt

tet, während Obst und Gemüse auf merkwürdige Weise angeordnet sind, so als hätte ein farbverliebter Maler genaue Anweisungen gegeben. Es besteht ein Widerspruch zwischen der Ordnung der Stände und der Unordnung der Leute: Vielleicht ist es ein unbewußtes System der Händler, um sich ein bißchen gegen das Chaos der Welt zu wehren.

Camilla bleibt an einem Stand stehen und kauft ein paar Tomaten und Kiwis. Rund um euch herrscht ein Gewühl von unterschiedlichsten Leuten: Nebeneinander sieht man Damen im Pelzmantel und Nordafrikaner, Bauern im Sonntagsstaat und zu grell geschminkte Mädchen, alte Leute mit unsicherem Schritt und schlaffen, zerknitterten Plastiktüten in der Hand, Witwen in Schwarz, junge Paare mit Kinderwagen, Filipinos, Männer mit Sakko und Krawatte, Liebespaare, Familien mit Kindern und so weiter.

Ihr geht in den Jugendstil-Pavillon an der Piazza della Repubblica und verliert euch in einem Jahrmarkt von Würsten, Schinken und Käse: Sie umgeben euch von allen Seiten, hängen zusammen mit den Weihnachtsdekorationen von oben herunter und erfüllen die Luft mit ihrem Aroma. Als ihr wieder hinausgefunden habt, steht ihr unter dem großen eisernen Vordach zwischen Bergen von Geflügelkörben und Käfigen jeder Art. Camilla beugt sich gerührt über Kaninchen und Küken, während deine Aufmerksamkeit von einem Beo angezogen wird, der mit fast menschlicher Stimme Schimpfwörter krächzt und dabei ruckartig den kleinen Kopf dreht und mit stechend schwarzen, funkelnden Augen um sich blickt. Eine kleine Menschenmenge schaut ihm belustigt zu.

Anschließend beginnt ihr, zwischen den Ständen des eigentlichen Flohmarkts umherzuwandern. Ab und zu siehst du Camilla an. Ein Hauch von Schwermut liegt in ihrem Blick, und du fragst dich, was wohl los ist.

Jeder Stand ist wie ein Kaleidoskop von Gegenständen, die ohne Logik nebeneinanderliegen: rostige Schlüssel, alte Schallplatten, Hüte, Besteck, Puppen, Weihrauchstäbchen, Feuerzeuge, Münzen, alte Radioapparate, Uhren, Hampelmänner,

Chinoiserien, Metallspielzeug und Krimskrams jeder Art. An einem Stand mit gebrauchten Kleidern findet Camilla ein seltsames weißes Kleid mit lila Blümchen und prüft es sorgfältig.

»Was wollen Sie dafür?« fragt sie die Signora.

»Zwanzigtausend.«

»Aber es hat mindestens drei Löcher!« protestiert Camilla und zeigt sie ihr.

»Dann zehntausend.«

»Gut, ich nehme es.«

Auf einem Holzbrett auf zwei Böcken bietet ein hippiemäßig gekleidetes Mädchen eine Reihe merkwürdiger Gegenstände feil, darunter einen kleinen Topf aus Ton, der eine Art grünen Kobold mit spitz zulaufenden Ohren darstellt. Du nimmst ihn in die Hand und drehst ihn hin und her.

»Das ist ein Glücksbringer: ein keltischer Gnom«, erklärt die Hippiefrau.

»Wieviel?«

»Fünftausend.«

»Sind dreitausend okay?«

»Wenigstens viertausend.«

»Na gut.«

Du reichst ihr das Geld und willst den grünen Kopf an dich nehmen, aber sie hält deine Hand zurück und fragt in ängstlichem Ton: »Trägst du noch andere Glücksbringer?«

Du schaust Camilla halb belustigt an, dann überlegst du einen Augenblick und sagst: »Ja, einen ägyptischen Skarabäus, hier, um den Hals.« Du lockerst den Schal und zeigst ihn ihr.

»Vorsicht, die passen nicht zusammen«, warnt dich die Hippiefrau streng.

»Wie meinst du das?« fragst du.

»Es sind Glücksbringer aus zwei verschiedenen

Kulturen: Sie werden in Konflikt geraten, und der Stärkere von beiden zerstört den anderen.«

Du wirfst ihr einen Blick zu, der besagt: »Du spinnst«, dann nimmst du den Gnom und steckst ihn in die Tasche.

»Ich werde das Risiko eingehen«, sagst du zum Abschied.

»Viel Glück«, antwortet sie besorgt.

Als ihr ein Stück weitergegangen seid, sagt Camilla: »Meiner Ansicht nach gewinnt der Gnom.«

»Glaubst du etwa an solche Sachen?«

»Nein, aber es wäre doch schön, wenn sie real wären.«

Jetzt seid ihr zum »verkommensten« Teil des Balôn vorgedrungen, wo er zum echten Flohmarkt wird, wo die Sachen auf dem Boden ausgebreitet sind und du bei ein und demselben armen Schlucker ein altes Buch oder eine Autofelge kaufen kannst. Du bleibst bei allem und jedem stehen, bis Camilla dich gereizt fragt: »Was findest du hier bloß interessant?«

»Ich weiß nicht, wie ich's dir erklären soll, ich bin einfach geil auf die Welt, sehe das Außergewöhnliche in jeder Kleinigkeit ...«

»Los, komm, wir gehen«, unterbricht sie dich.

Paola Mastrocola
Der Abend der sechs Gläser

Als wir in Turin angekommen sind, meine Mutter und ich, und den Bahnhof Porta Nuova verlassen haben, sind mir sofort die Straßenbahnen aufgefallen, weil sie uns fast über die Füße gefahren wären; es waren unglaublich viele, eine hinter der anderen. Aber wir haben keine Tram genommen.

Meine Tante hatte zu uns gesagt: Nehmt die Nummer 9 und steigt eine Haltestelle vor dem Stadio Vecchio aus. Aber wir haben lieber ein Taxi genommen, weil wir uns überhaupt nicht auskannten und wohl nie die richtige Tram gefunden hätten.

Tante Elsa lebt in einem Stadtteil, wo alles voller Geschäfte und Straßenbahnen ist. Er heißt Santa Rita, weil da die berühmte Wallfahrtskirche der Heiligen Rita steht. Die Leute kommen sogar von weit her, um sie zu sehen. Meine Tante ist sehr stolz darauf, dass sie genau neben dieser Wallfahrtskirche wohnt; sie hat mir erzählt, dass am 22. Mai, am Fest der Heiligen Rita, überall auf den Straßen Verkaufsstände aufgestellt und geweihte Rosen verkauft werden. Sie hat gesagt, sie wird mir eine kaufen, dann kann ich die Heilige Rita um etwas bitten, auch um etwas völlig Unmögliches, und sie wird mir dann helfen, denn man nennt sie die Heilige der Unmöglichkeiten. Tante Elsa hat mir auch erzählt, dass an dem Tag die Heiligenstatue, die ganz aus Gold ist, für die Prozession nach draußen geholt wird. Und da musste ich an meine Insel denken, weil wir nämlich auch die Madonna aus der Kirche holen und sie ein bisschen auf dem Meer spazieren fahren, in dem hübsch mit Blumen geschmückten Boot, und dann alle hinterher, jeder mit seinem eigenen Boot. Nur dass bei uns das Ganze am 15. August stattfindet; irgendwie tun mir diese Heiligen immer ein bisschen Leid, weil die nur einmal im Jahr rauskommen, gerade mal eine Runde auf dem Meer, und wieder zurück, ins kalte Dunkel der Kirche.

Das Taxi hat uns so viel gekostet wie ein Ziegenschenkel für Weihnachten, hat meine Mutter gesagt, das heißt: für sechzehn Leute, ein ziemlich großer Schenkel also, weil wir an Weihnachten immer sechzehn sind, Onkel Gero mitgerechnet, das ist der, der eine Engländerin geheiratet hat, und Cousine Maria Beppa, die alleine lebt. Bei der hab ich mich sowieso immer schon gefragt, warum die alleine lebt, wo sie doch so eine flotte Biene ist, wie mein Vater immer sagt. Vor allem im Sommer, da kann man ihr in den Ausschnitt gucken, aber im Winter eigentlich auch, an Weihnachten zum Beispiel, wenn sie sich schick macht und zu uns kommt.

Tante Elsa hat die Tür geöffnet und uns sofort umarmt, ohne ein »Na« oder »Na, wie geht's?«, wobei sie uns mit ihrem Bauch fast erdrückte. Sie trug lauter schwarze Sachen. Sie trägt immer schwarze Sachen, hatte meine Mutter schon vor der Abreise zu mir gesagt – und ich wollte ja sowieso nicht nach Turin, auch wegen diesem Schwarz von Tante Elsa. Aber als ich sie gesehen habe, war es gar nicht so schlimm; es stimmt schon, sie ist von oben bis unten in Schwarz, aber sie sieht einen freundlich an und wirkt irgendwie so, als hätte sie immer das Bedürfnis zu weinen, ein freundliches Bedürfnis, das niemanden stört, ganz im Gegenteil, ich würde ihr am liebsten immer sagen: Mach ruhig, Tante, wenn du weinen musst, dann weine! Jedenfalls gingen wir am Sonntag bei ihr in der Gegend ein bisschen im Park spazieren, und sie hat sich sogar von diesem ganzen Schwarz etwas getrennt, weil sie sich einen weißen Baumwollhut aufgesetzt hat, schön tief in die Stirn geschoben, und so wirkte sie irgendwie heller. Sie sah aus wie so ein Angler, der den ganzen Tag auf der Mole steht und wartet.

Meine Tante sieht immer aus wie jemand, der regungslos dasteht und auf etwas wartet, keine Ahnung auf was: In letzter Zeit zum Beispiel, wo es noch relativ warm ist, sitzt sie den ganzen Tag auf dem Balkon, in einem ärmellosen Hemd – schwarz natürlich –, ihre Arme schauen heraus und x-verschiedene Träger, von der Korsage, vom BH oder vom Unterkleid, keine Ahnung.

An dem Abend, als wir ankamen, hat Tante Elsa – noch immer schweigend – aus einem kleinen Schränkchen sechs Weinkelche hervorgeholt. Sie hat sie auf den Tisch gestellt, auf dem eine rechteckige Tischdecke lag. Warum ausgerechnet rechteckig weiß ich auch nicht, wo der Tisch doch rund ist!

Für mich wird das immer »der Abend der sechs Gläser« sein, weil ich damals dachte: Warum denn sechs Gläser, wir sind doch nur zu dritt! Aber dann hab ich gesehen, wie meine Mutter vor lauter Rührung ganz lila wurde; sie hat jedes einzelne Glas in die Hand genommen, es immer wieder hin- und hergedreht und dabei das geschliffene Kristall angefasst.

»Elsa, das sind ja Mamas Gläser! Aber das wäre doch nicht nötig gewesen, nur wegen uns...«, hat sie gesagt. Und da habe ich begriffen, warum sie alle sechs herausgeholt hatte: um zu zeigen, dass sie noch alle hatte und kein einziges kaputtgegangen war, und um ihrer Schwester, also meiner Mutter, eine Freude zu machen.

Aber ich glaube, auch deshalb, weil sechs Gläser viel mehr hermachen als drei.

Dann hat sie angefangen, die Gläser mit einem Geschirrtuch abzustauben, jedes einzelne, innen und außen. Es sah ein bisschen so aus, als würde sie sie abtrocknen, auch wenn sie überhaupt nicht nass waren, schließlich hatten wir sie ja noch gar nicht benutzt.

Sie hat noch ziemlich lange die trockenen Gläser abgetrocknet und auch weiterhin keinen Ton gesagt – bis ich irgendwann hoffte, dass etwas passierte, ganz egal was, notfalls auch, dass ihr ein Glas herunterfiele, dann wäre zumindest dieses ganze Schweigen nicht gewesen. Aber dann ist mir eingefallen, dass Tante Elsa schon seit fünf Jahren alleine lebt, weil mein Onkel, Onkel Ciano, ihr Mann, vor fünf Jahren gestorben ist, insofern ist es ganz normal, dass jemand wenig redet, weil, wenn man alleine ist, ist man es ja gar nicht mehr gewohnt zu reden, stimmt's? Meine Mutter hat zu ihr gesagt: Elsa, jetzt, wo du alleine bist, komm doch mit uns, in den Süden. Doch sie entgegnete nur, eine Frau bleibt auch dann noch mit ihrem Mann verheiratet, wenn der schon tot ist, deshalb sei dies ihr Zuhause, und das sei auch gut so! Und tatsächlich lief dann auch alles ganz anders: Als es darum ging zu entscheiden, welches Gymnasium ich besuchen sollte, war sie es, die meinte: Wenn das Kind schon aufs Gymnasium muss, warum kommt ihr dann nicht zu mir nach Turin? Sie nennt mich immer »das Kind«, ich weiß auch nicht warum, oder »il cit«, was im Piemont »das Kind« heißt. Sich für Turin zu entscheiden, war einfach nur dumm, denn, seien wir mal ehrlich, jede andere Stadt, die etwas näher liegt, wäre viel besser gewesen, aber doch nicht Turin, von da sind es doch Tausende von Kilometern zu unserer Insel! Aber alle sagen, die Schulen im Norden sind besser, und dann ist es sowieso egal: Wenn du schon Opfer bringst, dann soll es sich wenigstens lohnen, sagt meine Mutter immer. Außerdem hätten wir in einer anderen Stadt eine Wohnung mieten müssen, während wir so Tante Elsa nur die Hälfte der Kosten bezahlen mussten, und Miete überhaupt nicht, weil sie meinte, das sei schon in Ordnung. Deshalb haben wir Tante Elsas Angebot angenommen. Aber ich glaube auch deshalb, weil meiner Mutter der Gedanke gefiel, in ihr geliebtes Piemont zurückzukehren und ein bisschen bei ihrer Schwester zu sein, schließlich hatten sie sich achtzehn Jahre lang nicht mehr gesehen, seit mein Vater sie auf seine Insel mitgenommen hatte, um sie zu heiraten. Das Problem ist jetzt nur, dass mein Vater dort geblieben ist, um zu arbeiten, wer soll denn sonst das Geld herbeischaffen, damit ich aufs Gymnasium gehen kann?

Jedenfalls hat Tante Elsa dann irgendwann mit dem Abtrocknen der Gläser aufgehört und uns einen sehr dunklen, sämigen Wein eingegossen. Da ist meine Mutter ganz fröhlich geworden und hat zu mir gesagt:

»Probier mal, das ist Barbera.«

Ich hatte dieses Wort noch nie gehört, und es wirkte vor allem deshalb so komisch auf mich, weil es weiblich war. Bei uns sind Weine männlich: Wir sagen zum Beispiel der Marsala, nicht die Marsala. Aber zu Barbera passt das »die« eigentlich ganz gut, es geht mir auch leichter über die Lippen: die Barbera.

Sie hat auch mein Glas gefüllt, obwohl ich noch nicht mal vierzehn war, aber hin und wieder trink ich schon einen Schluck Wein, vor allem, wenn mein Vater und ich erst spät vom Meer zurückkommen und es so schwül ist, dass die Feuchtigkeit dir unters T-Shirt kriecht.

Wir haben feierlich auf unsere Ankunft und auf meine neue Schule angestoßen, und auch auf Onkel Ciano, der uns von dem Foto auf der Anrichte aus grimmig ansah. Er hat dichte Augenbrauen und einen Schnurrbart mit nach unten hängenden Spitzen. Vielleicht wirkt er deshalb so grimmig. Aber ich hab Onkel Ciano nie kennen gelernt.

Ich sah auf die drei anderen Gläser, die leer und sinnloserweise auch sauber waren. Ich weiß nicht, aber vielleicht hätten wir die ja auch noch benutzen können, ein Schluck aus den ersten dreien und ein Schluck aus den anderen, immer im Wechsel.

Dann sind wir schlafen gegangen; Tante Elsa hat die Tür zum Esszimmer geöffnet und mir mein Bett gezeigt, das in einer Ecke stand, das heißt, es war gar kein Bett, es war ein Sofa. Ansonsten standen da große, bauchige Polstermöbel und ein riesiger Tisch, der fast das ganze Zimmer einnahm, und darüber ein Kronleuchter, der glänzte. Als meine Mutter kam, um mir gute Nacht zu sagen, meinte sie:

»Hast du gesehen, wie schön das Wohnzimmer ist, ganz in piemontesischem Barock? Freust du dich?«

Im Namen des Vaters und des Sohnes und des Heiligen Geistes, es ist wirklich furchtbar, dass nur wir zwei hier sind und Papa unten bleiben muss. Ich weiß, es ist alles meine Schuld, aber wenn ich aufs Gymnasium gehen soll, dann bitt ich dich, Jesus, mach, dass ich ein guter Schüler bin, ganz schnell ganz viele Sachen lerne, das hier alles rasch hinter mich bringe und zurück auf die Insel geh, und dann reden wir nicht mehr davon!

So bin ich dann schließlich eingeschlafen, in dieser ersten Turiner Nacht.

Giorgio Olmoti

Wo die Juve zu Hause ist

Am Po, bei Sonnenuntergang, sieht man die Graureiher. Inzwischen sieht man die ja fast überall, nicht wie früher, als ich klein war und regelrecht zum Pinocchio erstarrte, weil ich einen Seidenreiher gesehen hatte. Aber ich freu mich immer noch genauso. Mein Bruder meint, wenn ich am Steuer sitze, kann man mit mir unmöglich die Via Romea runterfahren, weil ich ständig rufe, schau mal, die Biberratte, da sind ja Schafstelzen, Vorsicht, nicht, dass wir den rosafarbenen Pinguin noch überfahren! Mein Bruder behauptet nach wie vor, ich hätte rosafarbener Pinguin gesagt, wo doch jeder weiß, dass es so ein Tier gar nicht gibt.

Bei den Murazzi steht so ein Typ, ein richtiger Schrank, mit seiner Enduro da, einem Überbleibsel, als es noch hip war, ausgerüstet wie Rommel im Afrika-Feldzug, zum Eis essen zu fahren. Diesen Trend gibt es seit zehn Jahren nicht mehr, aber mit dieser tonnenschweren Maschine kurvt er noch immer durch die Gegend, als wäre es eine Vespa. Er arbeitet in einer Kneipe, und ich glaube, er spielt genauso den King wie ich damals, zu meinen besten Zeiten. Ihm gilt all meine Bewunderung, doch er weiß nicht mal, dass ich existiere. Mit seiner Latzhose und den tausend Tatoos dreht er seine Runden. Irgendwie erinnert er mich an meine Freunde aus Udine und dabei werde ich manchmal ganz sehnsüchtig. Ist aber gleich wieder vorbei, und so lächele ich meine Freundinnen an, fast alle Ex-Kolleginnen des ›Tempel‹, die ebenfalls geflüchtet sind oder jeden Tag ein paar Zentimeter an ihrem unterirdischen Gang unter der Zelle weitergraben. Lauter Frauen. Die wenigen Männer, die ich hier kenne, sind ziemlich peinlich. Jammerlappen und Angsthasen oder völlig besessen von der Idee eines Managerpostens, wie die Typen aus der Werbung. Hier sind es die Frauen, die das Sagen haben, aber an der Spitze steht dann doch oft ein Mann, wie etwa im ›Tempel‹.

In der Zwischenzeit dreht der von den Murazzi eine Runde, um ein paar Mücken zu schlucken und leere Bierkrüge einzusammeln. Ich hab mir die Biker ein bisschen angeschaut, aber die meisten sehen aus wie Faschos, denen ihre Klamotten und der makellose Glanz ihrer Maschine wichtiger sind als das verdammt gute Gefühl, den Wind im Gesicht zu spüren. Es gibt einfach nichts Besseres, als an einem Spätnachmittag im Sommer, bei niedriger Drehzahl, einen Abstecher zu den Verkaufsständen mit den gebrauchten Büchern zu machen. Du suchst dir ein paar nette Bände aus, und für reine Lust am Schmökern blätterst du deine fünf lächerlichen Scheine hin und gehst zum Lesen zu den Murazzi, wenn die Leute noch nicht scharenweise anströmen und die Kellner dich am Tisch bedienen, wenn sie gerade mal kurz Zeit haben, so zwischendurch, zwischen all den Sachen, die sie vorbereiten müssen, um den Ansturm der brüllenden Masse möglichst perfekt durchorganisiert zu ertragen. Die Biker hier haben oft amerikanische Maschinen, vierzig Millionen Lire, vierzig Kubik unterm Arsch, und wehe, ihr macht 'nen Kratzer, dann erschieß ich mich! Meine Guzzi schließ ich nie ab; wenn die Diebe sie sehen, bekreuzigen sie sich und hauen schnell ab – auch die animistischen Diebe.

Im Bahnhof Porta Susa ist eine Bar, da geht's abends genauso zu wie in der aus Star Wars.

In Turin gibt's die Juve und den Toro; ich kenn mich da zwar nicht besonders gut aus, aber mir ist aufgefallen, dass viele der sympathischeren Gestalten Toro-Fans sind. Ob es da einen direkten Zusammenhang gibt, weiß ich jetzt auch nicht. Die Juve hat ihren Sitz in der Nähe der Galeria Civica d'Arte Moderna e Contemporanea, und ich denke immer, jetzt kommt gleich Bettega raus, mit seinen kohlrabenschwarzen Haaren, weil er diese Bürste benützt, die einem beim Kämmen die Haare färbt. Und falls ihr euch nicht mehr erinnert: Es war ein Werbespot aus den achtziger Jahren, und obwohl einem damals anscheinend gar nichts peinlich war, so hätte sich Bettega das vielleicht doch noch mal überlegen sollen. Wenn man bedenkt, dass ich für die Meisterschaften in Argentinien '68 extra wach geblieben bin, um das Spiel gegen die Gastgeber (so heißen die nämlich) zu sehen! Bettega war mein Idol, und meine Mutter meinte, er sei sehr sehr krank gewesen und es grenze an ein Wunder, dass er jetzt ein Spitzenspieler sei; und dann war da noch einer aus der anderen Mannschaft, der hieß Ortis, und den hasste ich, denn er war der einzige, dessen Sammelkarte mir für die Seite noch fehlte; und dann noch seine bescheuerte Fresse, aber viel-

Die »Murazzi« am Ufer des Po

leicht war das auch nur Einbildung, weil er nie in diesen Tütchen war. Damals haben wir, also Italien, gewonnen und plötzlich hat Benetti einen Riesensprung gemacht, wahnsinnig hoch, und sein Knie voll in die Schläfen von einem aus seiner Mannschaft gerammt, ich glaub, es war Ortis, aber vielleicht habe ich mir das mit der Zeit auch nur so hingedreht, wie ich es gern gehabt hätte. Jedenfalls züchtet Benetti jetzt Kanarienvögel.

Antonio, der mich bei sich aufgenommen hat, ist ein großer Juventus-Fan – das ist mir jetzt erst wieder eingefallen.

Bei den privaten Fernsehsendern gibt es einen, der mich echt beeindruckt. Abgesehen von den Sendungen mit den Zauberern und den Kartenlegern, die mich schon immer fasziniert haben, läuft die interessanteste Sendung sonntagnachmittags. Der Moderator ist so ein Superblondi mit apulischem Akzent, der einen völlig krassen, knallroten Anzug mit Schlaghosen trägt. An seiner Seite eine unglaublich große Slawin mit Plateauschuhen, die wie Don Lurio redet, nur ihre Stimme ist etwas tiefer. Das Publikum ist wirklich fürchterlich, das Schlimmste, was Neapel zu bieten hat; solchen Gestalten bin ich noch nicht mal im Süden begegnet – und das will was heißen, denn ich bin da geboren! Das Bühnenbild ist eine völlig absurde Ansicht von Neapel, im Vordergrund sogar noch die Missgeburt einer Strandkiefer, vom Napalm ganz entstellt. Unter den Studiogästen: Die ganz Großen der canzone neapolitana, Helden der Musikkassetten auf den Wühltischen, die, bevor sie zu singen anfangen, mit großer Professionalität ihre stärksten Songs der kranken Tante oder einem gewissen Ciro widmen – der wird schon wissen, warum. Von live singen kann keine Rede sein, und das Synchrone von Melodie und Lippen übt eine wirklich unwiderstehliche Wirkung auf einen aus. Das Publikum tobt auf seinen Sitzen – immer dieselben zwanzig Leute – Szenen, wie im Delirium, und so manche Frau mit Pickelnarben und Hängearsch schaut in die Kamera und setzt einen provozierenden Blick auf, während ihre Begleiter mit ihren Goldketten, die sie um den Hals hängen haben, die Kamera unerträglich blenden. Wozu eigentlich dieser ganze Aufwand, denk ich mir da nur.

Autoren und Quellen

ALESSANDRO BARICCO, geboren 1958 in Turin, wo er 1994 die »Scuola Holden« gründete, eine Privatschule für *creative writing*. Er studierte Musikwissenschaft und Philosophie, arbeitete als Journalist für »La Repubblica« und »La Stampa« und ist für Radio, Fernsehen und als Theaterautor tätig. Seit 1991 veröffentlicht er vielfach ausgezeichnete und zum Teil verfilmte Romane, mit *Seta* (1996, deutsch *Seide*, 1997) wurde er auch in Deutschland berühmt.
»Die Bocciaspieler« erschien unter dem Titel »Bocce« und stammt aus *Barnum 2 – Altre cronache del Grande Show*, Feltrinelli, Mailand 1995; übersetzt von Christine Gräbe.

NORBERTO BOBBIO, 1909 in Turin geboren. Der promovierte Jurist lehrte bis 1979 Rechts- und Staatsphilosophie, zuletzt in Turin. Herausgeber mehrerer Bücher zur Politischen Ökonomie und Philosophie, Verfasser zahlreicher Schriften über die Menschenrechte und zur Theorie von Politik, Demokratie und Recht, Ehrendoktor verschiedener europäischer Universitäten. Norberto Bobbio starb am 9. Januar 2004 in Turin. In deutscher Übersetzung sind im Verlag Klaus Wagenbach *Das Zeitalter der Menschrechte* (1998), *Rechts und Links* (1998) und *Vom Alter – De senectute* (2004) erschienen.
»Orte des Gedächtnisses« (Titel von den Herausgeberinnen) stammt aus *Vom Alter – De senectute*, Verlag Klaus Wagenbach, Berlin 2004; übersetzt von Anette Kopetzki.

ITALO CALVINO, geboren 1923 in Santiago de las Vegas auf Kuba, arbeitete nach seinem Literaturstudium viele Jahre als Lektor im Turiner Verlag Einaudi. Mit Romanen wie *Der geteilte Visconte* und *Der Baron auf den Bäumen* wurde er als einer der innovativsten italienischen Nachkriegsautoren weltberühmt. Sein umfangreiches erzählerisches Werk wurde in zahlreiche Sprachen übersetzt und mehrfach ausgezeichnet. Er starb 1985. In *Der verzauberte Garten* erschienen seine schönsten Erzählungen im Verlag Klaus Wagenbach.
»Fremd in Turin« erschien unter dem Titel »Forestiero a Torino« und stammt aus *Saggi 1945–1985*, Arnoldo Mondadori Editore, Mailand 1998; übersetzt von Christine Gräbe.

GIUSEPPE CULICCHIA, geboren 1965, lebt in Turin. Sein erster Roman *Tutti giú per terra* (1994, deutsch *Knapp daneben*, 1998), wurde in Italien zum Bestseller, es folgten *Paso doble* (1995), *Bla bla bla* (1997) und *Ambarabà* (2000). Er schreibt außerdem für verschiedene Tageszeitungen.
»Mein Studium im Café Fiorio« (Titel von den Herausgeberinnen) stammt aus *Knapp daneben*, Deutscher Taschenbuch Verlag, München 1998; übersetzt von Peter Klöss.

ANDREA CAMILLERI, geboren 1925 in Porto Empedocle (Sizilien), lebt in Rom. Er ist Schriftsteller, Essayist, Drehbuchautor, Theaterregisseur, Erfinder des Commissario Montalbano und Verfasser mehrerer sehr erfolgreicher historischer Romane über seine Heimat Sizilien. Auf deutsch erschienen im Verlag Klaus Wagenbach *Der unschickliche Antrag, König Zosimo, Der vertauschte Sohn, Die Mühlen des Herrn, Fliegenspiel, Die Ermittlungen des Commissario Collura* und *Italienische Verhältnisse.*
»Der Zigeunerjunge in Agnellis Schrank« stammt aus *Neuigkeiten aus dem Paradies – Ansichten eines Sizilianers*, Verlagsgruppe Lübbe GmbH, Bergisch-Gladbach 2005; übersetzt von Christiane v. Bechtolsheim.

CARLO FRUTTERO & FRANCO LUCENTINI, geboren 1926 in Turin und 1920 in Rom. Das berühmte Schriftstellerduo lernte sich Ende der 50er Jahre im Turiner Verlagshaus Einaudi kennen und begann 1972 zusammen zahlreiche Kriminal- und Gesellschaftsromane zu schreiben. Nur den Roman *Visibilità zero* (1999, deutsch *Der unsichtbare Zweite* 2000) schrieb Carlo Fruttero alleine. Franco Lucentini, als Antifaschist zeitweise inhaftiert, war Lektor, Übersetzer, Journalist und Autor. Er nahm sich am 5. August 2002 in Turin das Leben.
»Pflichtwohnsitz« stammt aus *Ein Hoch auf die Dummheit*, Piper Verlag GmbH, München 1997; übersetzt von Ute Stempel.

NATALIA GINZBURG, 1916 in Palermo geboren, verbrachte ihre Kindheit und Jugend in Turin, wohin sie nach dem Krieg zurückkehrte. Beinahe Zeit ihres Lebens arbeitete sie für den Einaudi Verlag. Ab 1983 war sie unabhängige Parlamentsabgeordnete. Sie hatte zwei Ehemänner und zog vier Kinder groß. 1991 starb Natalia Ginzburg in Rom. Ihr Werk umfaßt Romane, Erzählungen, Theaterstücke und Essays, die in deutscher Übersetzung im Verlag Klaus Wagenbach erschienen sind.
»Die neue Wohnung« stammt aus *Familienlexikon*, Verlag Klaus Wagenbach, Berlin 2001; übersetzt von Alice Vollenweider.

CARLO LEVI, 1902 in Turin geboren, arbeitete als Arzt und Maler in Turin, wegen seiner Widerstandstätigkeit wurde er 1935 nach Lukanien verbannt. Diese Erfahrung verarbeitete er in seinem bekanntesten Werk *Christus kam bis Eboli*, erschienen 1945. Er war einer der wichtigsten Intellektuellen der Nachkriegszeit und lebte bis zu seinem Tod 1975 als Schriftsteller in Rom.
»Alleen und Arkaden« stammt aus *Die Uhr*, Aufbau-Verlag GmbH, Berlin 2005; übersetzt von Verena von Koskull.

PRIMO LEVI, als Sohn jüdischer Eltern 1919 in Turin geboren, studierte Chemie und promovierte in Turin. Er schloss sich den Partisanen im Piemont an, 1944 wurde er verhaftet und nach Auschwitz deportiert. Von den Russen befreit, kehrte er auf Umwegen nach Italien zurück, wo er in der chemischen Industrie arbeitete. Seit 1977 lebte er als freier Schriftsteller in Turin. Am 11. April 1987 ging er in den Freitod. In seinem Werk beschäftigte er sich vor allem mit den Erfahrungen im Konzentrationslager und dem Dritten Reich.
»Der Letzte« stammt aus dem autobiographischen Bericht *Ist das ein Mensch? Die Atempause*, Carl Hanser Verlag, München–Wien 2002; übersetzt von Heinz Riedt, Barbara und Robert Picht.

ELENA LOEWENTHAL, 1960 in Mailand geboren, hat in Hebraistik promoviert und gilt als Expertin auf ihrem Gebiet. Sie übersetzt aus dem Hebräischen und hat zahlreiche Anthologien und Sachbücher zu Themen aus der jüdischen Kultur veröffentlicht. Ihre Enzyklopädie des jüdischen Witzes erschien 1999 unter dem Titel *Ein Hering im Paradies* auf deutsch.
»Emilia« (Titel von den Herausgeberinnen) stammt aus *Attese*, Bompiani Edizioni, Mailand 2004; übersetzt von Martina Wesselmann-Lang.

PAOLA MASTROCOLA, wurde 1956 in Turin geboren, wo sie heute als Lehrerin lebt. Als Autorin wurde sie unter anderem mit dem Premio Italo Calvino und dem Premio Campiello ausgezeichnet. Auf deutsch erschien 2001 *Das fliegende Huhn*.
»Der Abend der sechs Gläser« ist ein Kapitel aus ihrem Roman *Una barca nel bosco*, Guanda Editore, Parma 2004; übersetzt von Suse Vetterlein.

GIORGIO OLMOTI, geboren 1965 in Salerno, arbeitete unter anderem als Kunstfotograf, DJ, Buchhändler, Dozent und Journalist, ist Kulturhistoriker und veröffentlichte Bücher wie den fotografischen Geschichtsband »Il boom 1654–1967«. Nach vielen Umzügen lebt er momentan in Turin und leitet das Bildarchiv des Verlags Paravia Bruno Mondadori.
»Wo die Juve zu Hause ist« (Titel von den Herausgeberinnen) stammt aus *Torino da bere – ovvero come entrai nel Tempio della cultura con la moto parcheggiata sul sagrato*, Stampa Alternativa–Nuovi Equilibri, Viterbo 2002; übersetzt von Suse Vetterlein.

CESARE PAVESE, 1908 im Piemont geboren, wurde 1935 wegen seiner antifaschistischen Haltung in die Verbannung geschickt. Er studierte Literaturwissenschaft in Turin und arbeitete nach dem Krieg als Lektor für den Verlag Einaudi sowie als Übersetzer von Steinbeck, Faulkner, Joyce, Melville und anderen. Er nahm sich am 27. August 1950 in einem Turiner Hotel das Leben. Seine berühmtesten Romane spielen in Turin.
Die Erzählung »Der Sommer« stammt aus *Die Wiese der Toten. Erzählungen*, Claassen Verlag in der Ullstein Buchverlage GmbH, Berlin 1992; übersetzt von Charlotte Birnbaum.

ENRICO REMMERT ist 1966 in Turin geboren, wo er lebt und arbeitet. Er studierte politische Wissenschaften und promovierte in Kommunikationssoziologie. *Rossenotti* (1997, deutsch *Loove never dies* 1998) war sein erster Roman, 2002 erschien *La ballata della canaglie* (deutsch *Kleine Fische* 2004).
»Flohmarkt Balôn« (Titel von den Herausgeberinnen) stammt aus *Loove never dies*, Verlag Antje Kunstmann GmbH, München 1998; übersetzt von Maja Pflug.

LALLA ROMANO, 1906 als Graziella in Demonte (Piemont) geboren. Literaturwissenschaftlerin und Schriftstellerin, Bibliothekarin und Übersetzerin, Kunstkritikerin und

Malerin. In den 30er Jahren studierte sie bei einem der bekanntesten Vertreter der klassischen Moderne, dem Maler Felice Casorati. Seit ihrer Übersiedlung nach Mailand 1947 widmete sie sich ausschließlich der Literatur. Von ihren zahlreichen Poesie- und Prosabänden war der Roman *Le parole tra noi leggere* (1969) ihr größter Erfolg. Auf deutsch erschien 1987 *Schattenfugen*. Sie starb 2001 in Mailand.
»Künstler im Atelier: Felice Casorati« erschien 1945 unter dem Titel »Artisti allo studio: Felice Casorati«; wiederabgedruckt in *Lalla Romano Pittrice*, Einaudi, Turin 1993; übersetzt von Martina Wesselmann-Lang.

SEBASTIANO VASSALLI, geboren 1941 in Genua. Mitglied des Gruppo 63, Verleger und Schriftsteller. Von seinen vielfach ausgezeichneten Romanen waren *La notte della coneta* (1984) und *La chimera* (1990; deutsch *Die Hexe von Novara* 1993) die erfolgreichsten. Er lebt in der Nähe von Novara.
»Ein Turiner Verleger« (Titel von den Herausgeberinnen) stammt aus *Das Gold der Welt*, Piper Verlag GmbH, München 1994; übersetzt von Hermann Seidl.

DARIO VOLTOLINI, geboren 1959 in Turin, debütierte 1990 mit den Erzählungen *Una intuizione metropolitana.* Thema ist, wie auch in *Rincorse* (1994), die Großstadt. Es folgten *Forme d'onde*, die *Erzählungen 10*, *Primaverile* und *Sotto i cieli d'Italia.* Voltolini ist außerdem Hörspielautor und Journalist und arbeitete zusammen mit Künstlern wie Julian Schnabel an zahlreichen Projekten.
»Straßen in die Stadt« (Titel von den Herausgeberinnen) stammt aus *I confini di Torino*, Quiritta Edizioni, Rom 2003; übersetzt von Martina Wesselmann-Lang.

BILDNACHWEIS

© Inge Schladen
Seite 12–13, 19, 24–25, 31, 36–37, 43, 48–49, 53, 60, 90–91
Die Photos von Inge Schladen stammen aus den letzten drei Jahrzehnten. Inge Schladen lebt und arbeitet in Turin.

© Città di Torino
Seite 72, 76, 77, 80–81, 105, 108–109
Der Verlag bedankt sich bei der Città di Torino, die die Photos von Bruna Biamino, Michele D'Ottavio, Fabrizia Di Rovasenda, Filippo Gallino, Walter Leonardi, Claudio Penna und Giorgio Sottile zur Verfügung stellte.

© Arpad Bondy

Margit Knapp, geboren 1960 in Schwaz/Tirol, studierte Germanistik, Romanistik und Theaterwissenschaften in Innsbruck und Wien. Promotion über Italo Svevo. Nach sieben Jahren in Turin lebt sie heute in Berlin, wo sie als Lektorin, Filmautorin und Publizistin arbeitet.

Maria Carmen Morese, 1968 in Pompeij geboren, studierte Germanistik, Romanistik und Kunstgeschichte in Neapel, Hannover und Jena. Promotion über Lalla Romano und das literarische Turin der 30er Jahre. Sie lebt als Leiterin des Goethe-Instituts in Neapel.

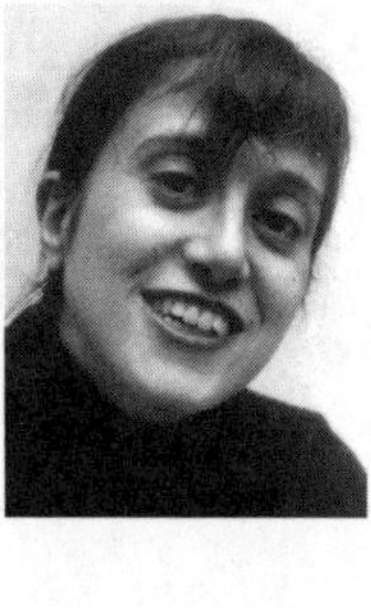

© cooked in berlin

Mit einem Salto ...

Nach Italien Anleitung für eine glückliche Reise

»Eine intelligent zusammengestellte Anthologie, die auf zwanglose Weise das Belehrende eines Reiseführers mit dem Unterhaltenden der Glosse und der literarischen Skizze verbindet.«

Neue Zürcher Zeitung

Herausgegeben von Klaus Wagenbach
SVLTO. Rotes Leinen. Fadengeheftet. 144 Seiten mit vielen Abbildungen

Rom Eine literarische Einladung

ROMA? Roma! Die Stadt, in die alle Wege führen. Ein Besuch mit Schriftstellern als Reiseführer, und zugleich ein Blick auf die italienische Gegenwartsliteratur.

Mit einem Vorwort von Luigi Malerba. Herausgegeben von Margit Knapp
SVLTO. Rotes Leinen. Fadengeheftet. 144 Seiten

Neapel Eine literarische Einladung

»Neapel sehen und sterben« – wie sieht das Objekt des alten Sehnsuchtsspruchs heute aus?

»Zum Verständnis neapolitanischer Verrücktheiten und Reize, Irritationen und Verführungen unabdingbar!« Frankfurter Rundschau

Herausgegeben von Dieter Richter. *SVLTO.* Rotes Leinen. Fadengeheftet. 144 Seiten mit Illustrationen von Franziska Neubert

Florenz Eine literarische Einladung

Schriftsteller beschreiben Florenz als Ort der Kunst, der Sprache und der Narretei.

»Unverzichtbar vor, während und nach einem Florenzbesuch.«

Manfred E. Schuchmann, Hessischer Rundfunk

Herausgegeben von Marianne Schneider
SVLTO. Rotes Leinen. Fadengeheftet. 128 Seiten mit Abbildungen

… nach Italien

Casanovas Venedig Ein Reiselesebuch

Ein Reiselesebuch, in dem man – zuhause bei der Lektüre oder unterwegs durch die Kanäle – die Anlegestellen findet, um in das Venedig Casanovas überzusetzen.

Herausgegeben von Lothar Müller
SVLTO. Rotes Leinen. Fadengeheftet. 128 Seiten

August Kopisch Entdeckung der Blauen Grotte auf der Insel Capri

Die Verwandlung einer »verrufenen Höhle« in die »Blaue Grotte« – die Entdeckung eines Weltwunders des Tourismus durch einen deutschen Romantiker.

Herausgegeben und mit einem Nachwort von Dieter Richter
SVLTO. Rotes Leinen. Fadengeheftet. 112 Seiten mit vielen Abbildungen

Leonardo Sciascia Mein Sizilien

In seinen wunderbaren Miniaturen über »das Sizilianische« kritisiert Leonardo Sciascia seine Insel und verehrt sie zugleich, wie es sich für einen wahren Liebhaber gehört.

Aus dem Italienischen von Martina Kempter und Sigrid Vagt
SVLTO. Rotes Leinen. Fadengeheftet. 144 Seiten. Mit vielen Photos

Wenn Sie mehr über den Verlag und seine Bücher wissen möchten, schreiben Sie uns eine Postkarte (mit Anschrift und ggf. e-mail). Wir verschicken immer im Herbst die *Zwiebel*, unseren Westentaschenalmanach mit Gesamtverzeichnis, Lesetexten aus unseren neuen Büchern und Photos. *Kostenlos!*

Verlag Klaus Wagenbach Emser Straße 40/41 10719 Berlin
www.wagenbach.de

Turin. Eine literarische Einladung
erschien im August 2005 als 133. *SVLTO.*

1. Auflage im August 2005

Emser Straße 40/41, 10719 Berlin
Wir bedanken uns bei den Autoren und Verlagen
für die freundliche Genehmigung zum Abdruck
(siehe Autoren- und Quellenverzeichnis).
Umschlaggestaltung: Julie August
Umschlagabbildung © Città di Torino.
Gesetzt aus der Bembo. Einbandmaterial von Ernstmeier,
Herford. Vorsatzmaterial von Herzog, Beimerstetten.
Gedruckt auf chlor- und säurefreiem Papier und
gebunden bei Clausen & Bosse, Leck.
Printed in Germany.

ISBN 3 8031 1232 x

9 783803 112323